Stichworte: Wissen kompakt

Weitere Bände in dieser Reihe
http://www.springer.com/series/13098

Die Reihe „Stichworte: Wissen kompakt" antwortet auf die Notwendigkeit den rasch wachsenden Wissensbestand der Sozial- und Kulturwissenschaften auf der Höhe der Zeit und in allgemein verständlicher Form zu bündeln. Als Verfasser kommen jeweils die führenden Vertreter eines spezifischen Forschungs- und Wissensgebietes zum Einsatz, welche sich zudem der gesellschaftlichen Relevanz ihrer wissenschaftlichen Arbeit verpflichtet fühlen. Dabei handelt es sich in der Regel um anerkannte Fachvertreter von hoher Reputation, beziehungsweise um ExpertInnen in aufstrebenden (Teil-)Disziplinen.

Herausgegeben von
Jun.-Prof. Dr. Marian Adolf
Zeppelin Universität
Friedrichshafen
Deutschland

Prof. PhD Nico Stehr
Zeppelin Universität
Friedrichshafen
Deutschland

Ansgar Weymann

Bildungsstaat

Aufstieg • Herausforderungen • Perspektiven

Ansgar Weymann
Universität Bremen
Deutschland

ISBN 978-3-658-11716-0   ISBN 978-3-658-11717-7 (Ebook)
DOI 10.1007/978-3-658-11717-7

Die Deutsche Nationalbibliothek verzeichnet diese Publikation in der Deutschen Nationalbibliografie; detaillierte bibliografische Daten sind im Internet über http://dnb.d-nb.de abrufbar.

Springer VS
© Springer Fachmedien Wiesbaden 2016
Das Werk einschließlich aller seiner Teile ist urheberrechtlich geschützt. Jede Verwertung, die nicht ausdrücklich vom Urheberrechtsgesetz zugelassen ist, bedarf der vorherigen Zustimmung des Verlags. Das gilt insbesondere für Vervielfältigungen, Bearbeitungen, Übersetzungen, Mikroverfilmungen und die Einspeicherung und Verarbeitung in elektronischen Systemen.
Die Wiedergabe von Gebrauchsnamen, Handelsnamen, Warenbezeichnungen usw. in diesem Werk berechtigt auch ohne besondere Kennzeichnung nicht zu der Annahme, dass solche Namen im Sinne der Warenzeichen- und Markenschutz-Gesetzgebung als frei zu betrachten wären und daher von jedermann benutzt werden dürften.
Der Verlag, die Autoren und die Herausgeber gehen davon aus, dass die Angaben und Informationen in diesem Werk zum Zeitpunkt der Veröffentlichung vollständig und korrekt sind. Weder der Verlag, noch die Autoren oder die Herausgeber übernehmen, ausdrücklich oder implizit, Gewähr für den Inhalt des Werkes, etwaige Fehler oder Äußerungen.

Lektorat: Katrin Emmerich

Gedruckt auf säurefreiem und chlorfrei gebleichtem Papier

Springer Fachmedien Wiesbaden ist Teil der Fachverlagsgruppe Springer Science+Business Media (www.springer.com)

Inhalt

1 Der Bildungsstaat 1
- 1.1 Souveränität 4
- 1.2 Politische Loyalität, Wirtschaftswachstum und Integration 9
- 1.3 Bildung als Sozialpolitik 18
- 1.4 Der Bildungsstaat in der Globalisierung 21
- 1.5 Bildungserträge: Alternativen 23

2 Das meritokratische Dilemma: Bildung als Bürgerrecht und Glücksstreben 29
- 2.1 Der Kampf um Bildungsideen und Institutionen 30
- 2.2 Gewinner und Verlierer 34

3 Aufstieg. Christentum, Städte, Reich und Bildungspolitik 43
- 3.1 Bürgerstädte, Renaissance, Reformation 44
- 3.2 Aufklärung und Territorialstaaten 51

4 Blütezeit. Nationalstaaten, Imperien, Wohlfahrtsstaaten 59
- 4.1 Nationalstaatliche Bildungsinklusion 60
- 4.2 Bildungspolitische Interessen europäischer Imperien 68

	4.3	Humankapitalpolitik: Expansion der höheren und Hochschulbildung.	76
	4.4	Aus Bildung wird Zukunft: Entgrenzte Erwartungen	81

5 Herausforderungen. Bildungserträge, Ungleichheit, Medien. 85

	5.1	Bildungserträge und Ungleichheit. Grenzen des Fortschritts?.	87
	5.2	Medien. Von stolzen Nationen zu polymorphen Wohlfahrtsstaaten	96

6 Perspektiven und Konfliktlinien 113

	6.1	Europas neue und alte Geister	114
	6.2	Bildungssouveränität und nicht-westliche Globalisierung	117
	6.3	Bildung als privates und öffentliches Gut: Freiheit und Gleichheit	121
	6.4	Zivilreligion Bildung: Utopie und Dystopie	126
	6.5	Postscriptum.	131

Literatur. 133

Sach- und Personenregister 149

Der Autor

Ansgar Weymann ist Professor für Soziologie an der Bremen International Graduate School of Social Sciences (BIGSSS) und am Sonderforschungsbereich Staatlichkeit im Wandel.

Abbildungsverzeichnis

Abb. 1.1 Bildungserträge – erwünschte Verläufe 24
Abb. 1.2 Bildungserträge – unerwünschte Verläufe 25
Abb. 5.1 Zahl der Bildungsartikel auf Zeitungstitelseiten
         1900–1909 und 1950–2004 97
Abb. 5.2 Zahl der Bildungsartikel auf
         Zeitungstitelseiten 1900–1909
         und 1950–2004, davon Internationale
         Bildungsberichterstattung (in Prozent) 98
Abb. 5.3 Prozentanteil der Bildungsartikel nach
         Politikfeldern 1950–2004 99
Abb. 5.4 Lineare Regression der Bildungsartikel nach
         Politikfeldern 1950–2004 99

Tabellenverzeichnis

Tab. 4.1 Schulbesuch in Ländern Europas im 19. Jahrhundert. (Prozent männlicher Schüler eines Jahrgangs im Alter von 6 bis 14 Jahren).... 66

Tab. 4.2 Globale Tertiäre Bildung 2012................. 80

1

Der Bildungsstaat

Schon zum Frühstück bringen Tag für Tag Zeitungen und Nachrichten immer neue Aufregungen, Proteste, Kampagnen und Konflikte um Bildung und Bildungspolitik. Bildungsthemen spannen einen lebenslangen Bogen von Krippe, Kindergarten und Hort über Grundschule, Berufsschule, höhere Schule und Hochschule bis zur Berufsfortbildung und Weiterbildung rüstiger Rentner. Bildung beansprucht sehr viel Lebenszeit, kostet viel Energie und Geld, beeinflusst in erheblichem Maße Berufschancen, Einkommen, soziale Sicherheit, Partnerwahl, Lebensstil, Freundeskreis, Gesundheit, Lebenserwartung und Zufriedenheit. Deshalb ist Bildung neben Familie, Arbeit, Gesundheit, Sozialpolitik und Rente Teil des fürsorglichen Lebenslaufregimes moderner Staaten. Der Staat greift mit Bildungsinstitutionen, Bildungspersonal, Gesetzen, Geld und Kampagnen tief in Bildung und Lebenslauf seiner Bürger ein.[1] Ein Leben außerhalb des Bildungswesens gibt es nicht, es herrscht staatliche Schulpflicht.

Ein so wichtiger Lebensbereich ist zwangsläufig Ort politischen Dauerkonflikts. Bildungspolitische Konflikte sind alltäglich. Es kritisieren übernationale Einrichtungen wie die EU und die OECD den Zustand der Bildung in der Bundesrepublik Deutschland, es streiten sich Bund und Länder über Ziele, Zu-

---
[1] Einen Überblick zum deutschen Bildungswesen geben Cortina und Baumert 2008. Zur Bildungspolitik siehe Hepp 2011; zur Lebenslaufpolitik Mayer und Schoepflin 2009; Weymann 2009; Heinz et al. 2009.

ständigkeiten und Kosten, Parteien kämpfen um Macht, Geld, Gesetzgebung und die öffentliche Meinung, Gewerkschaften und Berufsverbände rivalisieren um die Interessenvertretung der Beschäftigten, und Journalisten berichten über Ärger und Proteste in Kindergärten, Schulen, Berufsschulen und Hochschulen. Währenddessen agiert und agitiert in immer neuen Inszenierungen eine unüberschaubare Szene von Aktivisten und Bürgerinitiativen in Krippen, Schulen und Hochschulen in Verfolgung ihrer jeweils eigenen Interessen, Ziele, Inhalte, Macht-, Rechts- und Geldansprüche.

Bildung und Bildungspolitik sind Orte öffentlicher und verborgener Kämpfe um hehre Ideale und um handfeste Macht-, Wirtschafts- und Kulturinteressen. Was soll gelehrt werden? Wie soll gelehrt werden? Was und wie soll geprüft werden? Von wem soll gelehrt werden? Wie werden die Lehrkräfte ausgebildet? Welche Anforderungen werden an sie gestellt? Welche und wie viele Lehrende werden eingestellt? Wer ist für die Gesetzgebung zuständig? Und wer setzt sich nach Wahlen gesetzgeberisch durch? Was sind die Interessen der Eltern und der Lernenden? Und wie steht es um die Interessen der Lehrenden? Welche materiellen Unterstützungen gibt es für wen und wie lassen sich Rechtsansprüche realisieren? Es geht um Inklusion, um PISA-Ergebnisse und um den Bologna-Prozess. Es geht im Kleinen um den Smiley statt der Note und im Großen um die faire, gerechte, inklusive, multikulturelle, friedliche, glückliche und wohlversorgte Welt für alle Schichten und Milieus, für Bürger ohne und mit Migrationshintergrund, für Frauen und Männer, für Gesunde und gesundheitlich Beeinträchtigte. Für die Erfüllung aller Bildungsansprüche der Bürger gelten vor allem Staat und Bildungspolitik als zuständig.

Das war nicht immer so. In der Menschheitsgeschichte war Bildung das Privileg kleiner und kleinster Minderheiten der Bevölkerung. Die große Mehrheit war analphabetisch, auch in Europa. Noch nach dem zweiten Weltkrieg konnte in vielen

Mittelmeerländern und in Osteuropa bis zu über einem Viertel der Bevölkerung nicht lesen und schreiben. In Westeuropa war zwar Analphabetismus bereits im 19. Jahrhundert langsam geschwunden, aber auch hier blieben höhere Schulbildung und Hochschulbildung bis in die jüngsten Jahrzehnte hinein ein Bildungsabschnitt vor allem für Bürger der oberen Mittelschicht. Es dauerte viele Generationen von der historisch frühen Einführung staatlicher Schulpflicht in Deutschland (z. B. Preußen im Jahre 1717) bis zur breiten Hochschulbildung junger Erwachsener heute.

Die Entwicklung bildungsstaatlicher Aufgaben begann in Europa vor mehr als einem halben Jahrtausend. Triebkräfte waren die Nützlichkeit von Bildung und Bildungspolitik für die Erzeugung politischer Loyalität gegenüber der staatlichen Macht, für Humankapital- und Wirtschaftswachstum, für die soziale, kulturelle und religiöse Integration der Bevölkerung. Der Aufstieg des Bildungsstaates erfolgte als Teil moderner europäischer Staatsbildung, insbesondere mit der Durchsetzung der europäischen Nationalstaaten und der bürgerlichen Gesellschaft. Zu Beginn des zwanzigsten Jahrhunderts erreichte der nationale Bildungsstaat seine volle Entfaltung mit umfassender rechtlicher Regelungsmacht und Finanzierung der Bildung aus Steuermitteln, mit (fast) lückenloser Beschulung der Bevölkerung in den fortgeschrittenen Ländern Europas, mit steigender Beteiligung an höherer Bildung und Hochschulbildung und mit wachsenden individuellen und volkswirtschaftlichen Bildungserträgen.

In den letzten Jahrzehnten jedoch steht der Bildungsstaat vor neuen Herausforderungen. Die Ertragszuwächse von Bildungsinvestitionen werden unter dem Schlagwort einer Überschwemmung mit Akademikern bezweifelt, der Einfluss der Bildung auf die Verringerung sozialer Ungleichheit scheint abzunehmen, und das öffentliche Interesse an Bildung lässt in Deutschland, Großbritannien, Frankreich und den USA nach.

Gleichzeitig verlagert sich der Schwerpunkt der Bildungspolitik vom Zentrum nationalen Interesses an Wirtschaftsstärke, militärischer Sicherheit und Wohlstand auf zahllose sozialpolitische Interventionen und Rechtsansprüche, deren Erfüllung nur schwer einzulösen ist in einer historischen Periode des Übergangs von westlicher zu nichtwestlicher Globalisierung, von nationaler Souveränität zu immer vielfältigeren Abhängigkeiten.

Dieses Buch geht dem Wandel des uns seit Generationen vertrauten souveränen nationalen Bildungsstaates nach. Wie steht es um die Zukunft von Bildung als Bürgerrecht und als attraktive persönliche Lebenschance, als vielversprechende Förderung von Wirtschaftswachstum und Wohlstand, als Mittel sozialer und kultureller Integration bei immer weiter gespannten sozialpolitischen Ansprüchen in einer globalisierten Welt mit internationalem Wettbewerb auf immer weiteren Gebieten?

1.1 Souveränität

Bildungsstaatlichkeit ist in Deutschland an den demokratischen, föderalen Sozial- und Rechtsstaat gebunden.[2] Bund und Länder gestalten über ihre Parlamente und Regierungen die Ordnung des Bildungswesens, wobei im föderativen Staatsaufbau Deutschlands Bildung und Kultur weitgehend Aufgabe der Länder sind. Bund, Länder und Gemeinden finanzieren ganz oder anteilig die Kosten der Bildung in Höhe von gegenwärtig 175,9 Mrd. € (2011)[3]. Die Länder beschäftigen allein im Bereich der Schulen

---

[2] „Die Bundesrepublik Deutschland ist ein demokratischer und sozialer Bundesstaat." (Grundgesetz Artikel 20, Absatz 1) „Die Gesetzgebung ist an die verfassungsmäßige Ordnung, die vollziehende Gewalt und die Rechtsprechung sind an Gesetz und Recht gebunden." (Absatz 2).
[3] Die Zahlen beziehen sich auf das Jahr 2011. Die Daten schließen Bund, Länder und Gemeinden ein. DESTATIS, Bildungsfinanzbericht 2013, S. 16. Statistisches Bundesamt.

rund 800.000 Lehrer,[4] dazu Sozialpädagogen und Hausmeister, verfügen über große Bildungsbürokratien, regeln die Zulassung und Anerkennung der Bildungsinstitutionen, Fächer und Abschlüsse, definieren die Qualifikationsanforderungen an Ausbildung und Examina der Lehrenden, bestimmen die Lehrpläne und Prüfungsordnungen in Schulen und Hochschulen. Der Bildungsstaat ist souverän.

„Souverän ist, wer über den Ausnahmezustand entscheidet." (Schmitt 1996, S. 13) Dieser häufig zitierte Satz von Carl Schmitt sagt aus, dass sich im Krisenfall zeige, „worin das öffentliche oder staatliche Interesse, die öffentliche Sicherheit und Ordnung, le salut public[5]" (Schmitt 1996, S. 13) bestehen. Es gibt zwar eine staatsrechtliche und politische Tendenz dahingehend, staatliche Souveränität durch Verfassung und Recht einzuhegen, sie in bestimmten Politikfeldern auch durch Privatisierung zu beseitigen oder Souveränität auf übergeordnete Einheiten wie die Europäische Union zu übertragen. Jedoch sind Ausnahmezustände nicht vollständig vorab zu regeln oder gar aus der Welt zu schaffen. Es geht hier nicht nur um Extremfälle wie Kriege und Bürgerkriege, um Wirtschafts- und Finanzmarktzusammenbrüche, um Eurorettung und ökologische Katastrophen, um Massenmigration, in denen sich Souveränität als Entscheidung über den Ausnahmezustand manifestiert. Es geht auch um die vielen kleinen Ausnahmezustände der Bildungsstaatlichkeit.

Die Souveränität des Bildungsstaates, seine letztlich entscheidende Macht, die elementare Ordnung der Bildung zu regeln, war und ist immer umkämpft. Dazu gehören der schon viele Jahrhunderte währende Konflikt um die kollidierenden An-

---

[4] Statistische Veröffentlichungen der Kultusministerkonferenz. Dokumentation Nr. 201 – Juni 2013.
[5] Wörtlich ‚das öffentliche Heil' oder ‚die öffentliche Wohlfahrt'. Steht für den absoluten Machtanspruch von Wohlfahrtsausschuss und Revolutionstribunal in der französischen Revolution.

sprüche religiöser und weltlicher Mächte[6] auf Beherrschung oder zumindest Beeinflussung von Bildungsinstitutionen, Lehrenden und Lehrplänen, der früher westliche und heute globale Kampf um die Beseitigung des Analphabetismus mit Durchsetzung der Schulpflicht, die Konkurrenz von Privatschulen und öffentlicher Schulversorgung, die Rivalität zwischen hierarchisch gestuftem Bildungssystem und inklusivem Gesamtschul- und Gesamthochschulprinzip, der Streit zwischen Bildungsabschlüssen nach Leistungsgerechtigkeit versus Rechtsanspruch auf (möglichst) gleichstellende Bildungszeugnisse ohne Noten und Sitzenbleiben, um Bildung als freie Persönlichkeitsentfaltung gegenüber ihrer Instrumentalisierung für vielfältige ökonomische, politische, wohlfahrtsstaatliche, sozial- und kulturintegrative Zwecke. Nicht zuletzt steht die Antwort auf die Frage nach der Unterwerfung nationaler Souveränität unter internationale und supranationale Einflüsse aus der Europäischen Union oder der OECD auf der Tagesordnung, öffentlich heftig diskutiert an den Folgen des Bologna-Prozesses (Einführung des zweistufigen Studiums mit Bachelor und Master) und an den Ergebnissen von PISA („Programme for International Student Assessment"; internationaler Leistungsvergleich der Schüler).

Die Souveränität des Bildungsstaates zeigt sich in dessen Macht zur Entscheidung über die kleineren und größeren Ausnahmezustände im Konflikt rivalisierender Parteien, Klassen, Milieus, Religionsgemeinschaften und Interessengruppen. Der Bildungsstaat gibt das öffentliche und staatliche Interesse an grundlegenden Zielen und Ordnungen der Bildung vor, sichert die Finanzierung der Bildungseinrichtungen, übt Aufsicht aus über Leitung, Lehrende und Lernende, steht für routinemäßige Administration und Wahrung des Rechts. Der Streit

---

[6] In Deutschland immer wieder neu und anders geregelt vom Augsburger Religionsfrieden (25. September 1555) bis zum jüngsten Kopftuchbeschluss des Bundesverfassungsgerichts (27. Januar 2015).

um Begrenzung oder Abschaffung der Souveränität über das Bildungswesen spiegelt sich in Konflikten um Nationalisierung, Zentralisierung, Föderalisierung, Kommunalisierung, Basisdemokratisierung, Privatisierung von Bildung und in der Übertragung von Bildungssouveränität auf überstaatliche Einrichtungen.

Staatlichkeit und Souveränität sind bis heute kein anachronistisches Problem[7] von ausschließlich historischem Interesse, aufgegangen in der Europäischen Union und internationalen Verträgen, in der Weltgemeinschaft aller Menschen mit universalen Menschenrechten, in weltweiter Demokratisierung, Individualisierung und Privatisierung (Mäder 2007). Die Globalisierung führt nicht zwangsläufig das Ende des Nationalstaates oder des nationalen Bildungsstaates herbei. Schon die bisherige, Jahrhunderte lange Ausdehnung europäischer Mächte über den Globus war immer begleitet von einer Stärkung des Nationalstaates, die zur Globalisierung im Wechselspiel stand. Nationalismus diente damals wie heute der Abwehr von Globalisierungsfolgen (James 2001). Der souveräne Staat soll weiterhin trotz Globalisierung die staatliche Einheit, den inneren Frieden, Demokratie, Recht, Wohlstand, soziale Sicherheit, das Gewaltmonopol und die Autonomie schützen durch Abwehr von außen kommender Übermacht. Dies sind elementare normative Leitideen des guten Staates, die seit Machiavelli (1532); Bodin (1529/1530) und Hobbes (1651, 1682)[8] bis in die Gegenwart hinein die gleichen geblieben sind. So sehen es nicht nur als Ewiggestrige kritisierte Konservative und Nationale, sondern auch Globalisierungsgegner unterschiedlicher linker politischer Couleur vom antikapitalistischen Attac (**a**ssociation pour la **t**axation des **t**ransactions financières et pour l'**a**ction **c**itoyenne)

---
[7] Der Beginn des Regimes souveräner Staaten in Europa wird häufig mit dem Westfälischen Frieden (1648) angesetzt.
[8] Zur Literatur siehe: Bodin 1981, 1986; Hobbes 1965, 1991; Machiavelli 1986. Einen Überblick gibt Breuer 1998.

über zahlreiche ökologische, soziale, kulturelle, religiöse Widerstandsgruppen gegen Globalisierung und freien Welthandel. Ein Musterfall ist der Kampf gegen internationale und außerstaatliche Schiedsgerichte[9].

Der souveräne Staat hat sich „im Laufe der letzten fünfhundert Jahre (,Moderne') zwar wesentlich gewandelt [...], aber [er ist, AW] deshalb doch keineswegs ,abgestorben' oder gar obsolet geworden [...]." (Voigt 2007, S. 38) Nachrufe sind verfrüht, der machtlose Staat ist ein Mythos. Es geht vielmehr um die sehr unterschiedlichen Transformationskapazitäten von Staaten bei der Bewältigung der Globalisierung (Weiss 1998). Speziell für den Bildungsstaat geht es um die souveräne Gestaltung des Beitrags von Bildung zur politischen Loyalität, zu Wirtschaftswachstum und Wohlfahrt, zur sozialen und kulturellen Integration, zur Sozialpolitik. Dabei gibt es zwischen den Staaten ausgeprägte, historisch begründete Unterschiede, allein schon in Europa zwischen dem monarchischen und heute republikanischen Zentralstaat Frankreichs, der Parlamentssouveränität und dem Liberalismus Englands, dem sozialdemokratischen Volksheim Schweden und dem deutschen Korporatismus und Föderalismus, in dem die Macht zwischen der Souveränität der „Landesfürsten" im Bundesrat und der von allen Bürgern gewählten Parlamentssouveränität geteilt ist. Auch scheint in Deutschland die Verfassungssouveränität (Bundesverfassungsgericht) in Konkurrenz zu oder über der Volkssouveränität (Bundestag) zu stehen (Voigt 2007, S. 72), während England ohne Verfassung auskommt und das britische Parlament kein Verfassungsgericht über sich duldet.

---

[9] Wie sie beispielsweise auch im heftig umstrittenen TTIP-Abkommen vorgesehen sind.

1.2 Politische Loyalität, Wirtschaftswachstum und Integration

Bildungsstaat und Bildungspolitik sind in einer langen Geschichte der europäischen und westlichen Staatsbildung gewachsen. Antriebskraft war und ist die Nützlichkeit von Bildung vor allem unter den Gesichtspunkten der Erzielung *politischer Macht und Loyalität, wirtschaftlichen Wachstums und Wohlstands, kultureller und sozialer Integration.*[10] In jedem dieser Felder lässt sich der Bogen leitender Ideen über lange Zeiträume europäischer Bildungsstaaten bis in die Gegenwart spannen.

So bestimmt die deutsche Verfassung, dass Grundschulen überall eingerichtet und erreichbar sein müssen und dass die Schulpflicht mit fünf Jahren beginnt. Der Übergang zu den höheren Schulen ist insbesondere Kindern aus den unteren Schichten leicht zu machen. Bildungswerbung bei Eltern und Schülern soll die Übergangsraten steigern und helfen, dass die Schüler bis zum Abitur durchhalten. Schulentlassungen bedürfen der Zustimmung der Schulleitung und des Superintendenten der Schulbehörde von Stadt- oder Landesregierung. An den Hochschulen soll die Zahl der Studenten nachhaltig gesteigert werden, denn der Bedarf an Akademikern steigt in der modernen Gesellschaft und Wirtschaft. Stipendien aus Steuermitteln sollen es Studierenden aus unterprivilegierten Familien ermöglichen, ihre Studienkosten zu bestreiten. Und in Zeiten der europäischen Einigung sollen Studierende möglichst eine Zeit im Ausland studiert haben. Abschlüsse werden europaweit anerkannt.

Bis auf die frühe Einschulung mit fünf Jahren und den Superintendenten, der nur noch aus evangelischen Kirchen und

---

[10] Politik, Ökonomie und Kultur haben seit Weber und Parsons einen anerkannten Stellenwert in der soziologischen Theorie der Gesellschaft. Michael Mann (1990) fügt als vierte Dimension das Militär hinzu.

englischen Krimis bekannt ist, klingt dies alles vertraut. Es ist aber der (nicht implementierte) Verfassungsentwurf von 1656 (Seckendorff 1991). Obwohl fast 400 Jahre alt, enthält er bereits die zentralen Ideen und Argumente der heutigen Bildungsstaatlichkeit.

Politische Macht und Loyalität durch Bildungsmeritokratie
Ein prominenter Vertreter der Idee des politischen Nutzens von Bildung ist der Namensgeber der Soziologie[11], August Comte. In seinem 1842 veröffentlichten „Cours de Philosophie Positive" (Comte 1974) verfolgt er diese Idee mit Enthusiasmus. Wissenschaftliche Aufklärung durch Bildung sieht er als Allheilmittel gegen die vielfältigen Krankheiten der modernen Gesellschaft als da sind: Geldwirtschaft, Kapitalherrschaft, Zunahme von Verbrechen und Ungleichheit, Krise von Ehe und Familie, Materialismus, Verfall der Regierungen, das übermäßige Bevölkerungswachstum und die Knappheit der Ressourcen. Aber der wissenschaftliche Fortschritt wird diese Probleme meistern. Er sichert in einer sich stets verändernden Umwelt das Überleben durch die Aufklärung über die Gesetze des Denkens, durch die Reform des Bildungswesens und damit durch die Umgestaltung der bürgerlichen Gesellschaft.

Mit nationalem Akzent setzt auch Émile Durkheim in Vorlesungen an der Sorbonne zu Beginn des 20. Jahrhunderts Hoffnung auf Bildung und Bildungspolitik als Mittel des gesellschaftlichen Fortschritts (Durkheim 1972, 1977; vgl. 1984). Bildung ist geeignet, eine homogene, voll integrierte Bevölkerung zu erzeugen. Erziehung und Bildung sind bei ihm im Sinne von Sozialisation zu verstehen, als Vergesellschaftung. Ziele der staatlichen Homogenisierung der Bevölkerung sind nationale Einheit und Gleichheit, eine gemeinsame Nationalsprache, übereinstimmende Identitäten, Moral, Werte und Normen. Bildung

---
[11] Laut Comte ist die Soziologie, die „physique social", also die soziale Physik, die Krönung der Wissenschaften, weil sie die Prinzipien der Naturwissenschaft auf die Gesellschaft anwendet.

formt die Nation nach der Agenda der Staatsraison. Durkheim vertritt die zentralstaatliche Bildungspolitik des französischen Absolutismus und Jakobinertums, die bis heute fortbesteht.

Auch in der Gegenwart wird die politische Nützlichkeit der Bildung darin gesehen, ein erprobtes Instrument der Herstellung von Loyalität in der Bevölkerung zu sein. So sind erworbene Bildungszeugnisse mehr als Erbschaften, Herkunftsmilieu und auch Wirtschaftserfolge akzeptiert als meritokratische[12] Entscheidungsgrundlagen für die gerechte Verteilung von Einkommen und Status in der Gesellschaft. Doch das als legitim akzeptierte Kriterium meritokratischer Verteilung von Positionen in Staat und Gesellschaft nach jeweils individueller Leistung führt zum Folgeproblem einer permanenten Konkurrenz der Bürger um Bildungserfolge, um Noten, Abschlussarten und Bildungsinstitutionen. Nur ein stetes stabiles Wachstum an immer neuen Bildungschancen und Bildungserträgen vermeidet Enttäuschung in der Bevölkerung. Stagniert jedoch das Wachstum an immer höheren Bildungszeugnissen oder kommt es zu einem inflationären Verfall des Wertes höherer Abschlüsse durch ein Überangebot an Absolventen, dann führt dies zu einer ernsthaften Bedrohung der Legitimität von Staat und Bildungspolitik. Das Gleichgewicht von Angebot und Nachfrage bei gleichzeitig steter Steigerung des Nutzens von Bildungszeugnissen ist deshalb ein gewichtiges Politikum. Die Realisierungsversuche reichen vom sozialdemokratischen Keynesianismus über liberalen Bildungskapitalismus bis zur staatssozialistischen Zwangsbewirtschaftung von Bildung (Collins 1979, S. 195). Alle drei Ideologien und Strategien blieben jedoch ohne dauerhaften Erfolg.

Wirtschaftswachstum, Wohlstand und Humankapital
Die Förderung von Wirtschaftswachstum, Wohlstand und Humankapital ist der zweite Nutzenaspekt von Bildungspolitik. Bereits 1776 weist Adam Smith (Smith 1978) dem Bildungsstaat

---

[12] Zur Meritokratie siehe Fußnote 20 und das zweite Kapitel dieses Bandes.

eine wichtige Rolle zu. Bildungspolitik dient als Ausgleich für die externalisierten Kosten der rasant verlaufenden, kapitalgetriebenen Industrialisierung. Die zunehmende Arbeitsteilung und der schärfer werdende Wettbewerb zwischen Individuen, Betrieben und Nationen in immer größeren, weltweiten, kapitalintensiven Märkten erzeugt einerseits ständig wachsenden Massenwohlstand, wie ihn die Menschheit zuvor noch niemals gesehen hat, er erzeugt aber andererseits auch viele Verlierer im Wettbewerb.

„Die jährliche Arbeit eines Volkes ist die Quelle, aus der es ursprünglich mit allen notwendigen und angenehmen Dingen des Lebens versorgt wird [...]." (Smith 1978, S. 3) Nicht zuletzt Höhe und Qualität des Humankapitals bestimmen diese Versorgung, weil das Humankapital die Produktivität der Arbeit über Sachkenntnis, Geschicklichkeit und Erfahrung beeinflusst. Zur Produktivitätssteigerung tragen auch Kapitaleinsatz, Technik, Arbeitsorganisation, Arbeitsteilung, Berufsstruktur und Erwerbsquote bei. All diese Faktoren ermöglichen eine individuelle und volkswirtschaftliche Produktivität, die höher liegt als für die Subsistenzsicherung der Gesellschaft notwendig. Es kommen Überschüsse zustande, die sich auf nationalen und internationalen Märkten tauschen lassen. Der freie Tausch auf großen Märkten liefert wiederum den Anlass, sich dort zu spezialisieren, wo die eigenen Stärken liegen, wo man besonders produktiv und wettbewerbsfähig ist. Eine Politik, die die Qualität des Humankapitals und die Freiheit von Handwerk, Industrie und Handel begünstigt, lässt die englischen Arbeiter reicher sein als die Bewohner anderer Länder. Sie ermöglicht es auch, obwohl der gesellschaftliche Reichtum sehr ungleichmäßig verteilt ist, aus den hohen Überschüssen des Inlandsprodukts jene zu versorgen, die sich nicht selbst durch Arbeit ernähren können.

Und dennoch macht Adam Smith einige kritische Beobachtungen zu den Kosten des wirtschaftlichen Fortschritts, die als Argumente für staatliche Bildungspolitik bis heute vorgebracht werden: „Mit fortschreitender Arbeitsteilung wird die Tätigkeit der überwiegenden Mehrheit derjenigen, die von ihrer Arbeit leben, also der Masse des Volkes, nach und nach auf einige wenige Arbeitsgänge eingeengt […]." „Jemand, der täglich nur wenige einfache Handgriffe ausführt […] hat keinerlei Gelegenheit, seinen Verstand zu üben." „Solch geistige Trägheit beraubt ihn nicht nur der Fähigkeit, Gefallen an einer vernünftigen Unterhaltung zu finden oder sich daran zu beteiligen, sie stumpft ihn auch gegenüber differenzierten Empfindungen, wie Selbstlosigkeit, Großmut oder Güte ab, so daß er auch vielen Dingen gegenüber, selbst jenen des alltäglichen Lebens, seine gesunde Urteilsfähigkeit verliert. Die wichtigen und weitreichenden Interessen seines Landes kann er überhaupt nicht beurteilen […]." (Smith 1978, S. 662) „Dies aber ist die Lage, in welche die Schicht der Arbeiter, also die Masse des Volkes, in jeder entwickelten und zivilisierten Gesellschaft unweigerlich gerät, wenn der Staat nichts unternimmt, sie zu verhindern." (1978, S. 663).

Um diese Folgen abzuwenden, bedarf es, so Smith, der Schaffung öffentlicher Güter aus der steuerfinanzierten Staatskasse, die nicht oder nur in ungenügender Menge und Qualität über den Markt zustande kommen, als da sind Erziehung, Bildung und Kultur, Infrastruktur, Landesverteidigung und eine unabhängige Justiz. Was die Bildung betrifft, so sollen Studenten für ihr wirtschaftlich ertragreiches Studium selbst bezahlen. Auch ihre Professoren sind nur teilweise aus der Staatskasse zu entlohnen, denn sie erzielen freiberufliche Einkünfte und erhalten Studiengebühren. Volksbildung, Berufsbildung und niedere Kunst hingegen sollen vollständig aus der Staatskasse bezahlt werden und also kostenfrei sein. Die im Bildungssystem erworbenen Zeugnisse und Zertifikate sind dann im Weiteren die Grundlage für ein geregeltes berufliches und soziales Aufstiegswesen.

Auch in der Gegenwart wird das Interesse des Bildungsstaates am wirtschaftlichen Nutzen der Bildung durch die Optionen und Sanktionen von Markt und Kapital angetrieben. Der moderne Staat ist völlig abhängig von Steuern und anderen Abgaben, die er aus der Zivilgesellschaft erhebt. In Deutschland belief sich die Abgabenquote[13] 1960 auf 33,4 %, in 2014 betrug sie bereits 39,3 %. Die hohe und steigende Abhängigkeit des Staates von den Abgaben der Zivilgesellschaft ist der Grund dafür, dass Investitionen in Humankapital, also in Bildung und Wissenschaft, neben Aufwendungen für Gesundheits- und Sozialpolitik, Polizei und Militär, Wirtschaftsförderung und Infrastruktur, zu einem zentralen Element staatlicher Politik wurden. Denn nur eine prosperierende, wertschöpfende Gesellschaft erzeugt auch genügend Erträge, die sich abschöpfen und umverteilen lassen. Heute sind Humankapitalpolitik des Staates und individuelle Humankapitalinvestitionen so selbstverständlich geworden, dass sie fast als natürlich angesehen werden (Hubbard und Kane 2013; Tilly 1992).

So argumentiert der Nobelpreisträger Theodore W. Schultz in seinem Plädoyer mit dem bezeichnenden Titel „In Menschen investieren" (Schultz 1986), dass Bildungsausgaben Investitionen sind, kein Konsumgut und keine Wohlfahrtsausgaben. „Denn man läßt sich doch nicht ausbilden, zumindest nicht in erster Linie, nur um ein inneres Bedürfnis zu befriedigen oder zum Vergnügen. Man wendet vielmehr öffentliche und private Kosten für seine Ausbildung auf, um einen Bestand an Wissen und Können anzulegen, von dem man meint erwarten zu können, daß er einem in der Zukunft Vorteile in Gestalt von Leistungen bieten wird. Diese in der Zukunft zu erwartenden Leistungen bestehen bei abhängiger Tätigkeit aus künftigen Löhnen und Gehältern, bei selbständiger Tätigkeit aus Gewinnen des eigenen Unternehmens und schließlich im Haushalt sowohl aus künftiger Bedürfnisbefriedigung beim Konsum als auch aus Ersparnissen, die das Monatseinkommen erhöhen." (Schultz 1986, S. 37).

---

[13] Die Abgabenquote ergibt sich aus Steuern und Sozialabgaben in Prozent vom Bruttoinlandsprodukt. Quelle: http://www.bundesfinanzministerium.de/Content/DE/Monatsberichte/2015/03/monatsbericht-03-2015.html. Zugegriffen: 15. August 2015.

Ein gutes Beispiel für diese ökonomische Sicht auf Bildung und Bildungspolitik ist auch der Bildungsfinanzbericht 2013 von Bund und Ländern: „Bund und Länder betrachten die Schaffung bzw. den Ausbau eines leistungsfähigen Bildungssystems als Schlüsselaufgabe für die Sicherung der Zukunft unseres Landes. Bildung beeinflusst nicht nur in einem wesentlichen Maße die Chancen des Individuums im Arbeits- und Privatbereich, sondern auch die Entwicklungschancen und die Wettbewerbsfähigkeit der nationalen Volkswirtschaften in einer globalisierten und wissensbasierten Weltwirtschaft. Für das Wachstum der Volkswirtschaften sind die Humanressourcen und die durch Forschung und Entwicklung gewonnenen Erkenntnisse zunehmend wichtiger als Sachressourcen". (Bildungsfinanzbericht 2013; Statistisches Bundesamt, Destatis, S. 16).

Kulturelle, soziale und religiöse Integration
Gegen den Einsatz von Bildung und Bildungspolitik als Mittel der Förderung politischer Loyalität und ökonomischen Wachstums formulierte schon Wilhelm von Humboldt 1792 vergeblichen Widerspruch. Mit Nachdruck verteidigt Humboldt die Freiheit der Bildung gegen staatliche Usurpation (Humboldt 1967). Bildung solle nicht dazu dienen, loyale Untertanen zu erzeugen, das Wirtschaftswachstum zu fördern, die Bevölkerung kulturell zu homogenisieren. Und schon gar nicht sei Bildung ein Mittel des Sozialstaates, der als Hospital für bedürftige Gruppen dient oder der die Bevölkerung vor problematischen Gruppen schützen soll. Stattdessen geht es in Bildung und Bildungspolitik darum, ein Maximum an Freiheit der Person zu sichern, damit sich die menschliche Kreativität vielfältig entfalten kann zum privaten und öffentlichen Wohl.

Ein Jahrhundert später (1920) teilt Max Weber pointiert Humboldts kritische Sicht auf den Bildungsstaat. Provokativ schreibt er, dass die Institutionen des modernen Erziehungssystems, insbesondere die der höheren Bildung, einen Sozialcharakter erzeugen, der den Interessen der ausufernden staatlichen und kapitalistischen Bürokratie diene. Kapitalistische Wirtschaftsform, bürokratische Herrschaft des Staates, Rationalität des Berufs- und Erwerbslebens, Erziehung, Fachschulung und höhere Bildung greifen ineinander und formen die idealtypische okzidentale Persönlichkeit: „Fachmenschen ohne Geist, Genußmenschen ohne Herz: dies Nichts bildet sich ein, eine nie vorher erreichte Stufe des Menschentums erstiegen zu haben." (1978, S. 204) Für Weber besteht das Problem nicht mehr primär darin, wie Staat und Wirtschaft mit einem steten Zustrom angemessen erzogener und gebildeter Personen versorgt werden können, sondern vielmehr darin, wie der moderne westliche Mensch diesem „Gehäuse der Hörigkeit" entgehen könne (Kaesler 2011).

In Vergangenheit und Gegenwart wird die kulturelle Nützlichkeit von Bildung nicht zuletzt darin gesehen, sprachlich, national, ethnisch, religiös heterogene Bevölkerungen zu homogenisieren und zu integrieren. Urbanisierung und Massenmigration transformieren analphabetische oder gering gebildete Bevölkerungsgruppen, häufig noch in Stämmen, Klans, Großfamilien und Religionsgemeinschaften organisiert, in entfremdetes städtisches Proletariat. Konflikte zwischen alteingesessener und hinzukommender Bevölkerung, zwischen Armen und Reichen, zwischen Klassen und Milieus, zwischen Ethnien, Sprachen und Religionen bedrohen die kulturelle und soziale Integration von Gesellschaft und Staat[14] (Guibernau und Hutchinson 2001; Hechter 2000, S. 24 f. und 64 f.; Mann 1991, 1998/2001; Windzio und Wingens 2014). Fortlaufende Globalisierung und Internationalisierung wird dieses Problem nicht zwangsläufig lösen und obsolet machen, wie oft gesagt wird. Eher ist das Gegenteil richtig, so Anthony Smith: „This suggests, not the transcendence of ethnicity but the revitalization of ethnic

---

[14] Zur Nutzenverteilung von Migration und Multikultur in Herkunfts- und Aufnahmegesellschaften Collier 2013.

ties by the very process of globalization that are presumed to be rendering them obsolete [...]." (Smith 1998, S. 215; siehe auch Smith 2003).

In dieser Situation genießt Bildung Vertrauen als starkes Instrument der Integration durch Förderung einer zivilisierten, demokratischen Gesellschaft. Allen voran werden Kindergärten, Vorschulen und Grundschulen gepriesen als optimale Institutionen zur Gestaltung kultureller und sozialer Integration. So stellt der „Zweite Bericht zum Integrationsmonitoring der Länder"[15] 2011 fest: „Bildung kommt eine zentrale Bedeutung für den Integrationsprozess zu. Bildung ist nicht nur bestimmend für die Chancen auf dem Arbeitsmarkt, sie hat darüber hinaus entscheidenden Einfluss auf die gesellschaftlichen Partizipationsmöglichkeiten." (IntMK 2011, S. 12) Mustergültig technokratisch heißt es weiter: „Von großer Bedeutung ist [...] der vorschulische Bereich. Hier wird dargestellt, wie hoch der Anteil der Kinder mit Migrationshintergrund in Kindertageseinrichtungen ist, und zwar differenziert nach den Altersgruppen 0 bis unter 3 Jahren (C1a) und 3 bis unter 6 Jahren (C2a). Die entsprechenden Betreuungsquoten in den beiden Altersklassen sind in den beiden neu aufgenommenen Indikatoren C1b und C2b dargestellt. Des Weiteren wird der Anteil der Kinder in Kindertageseinrichtungen abgebildet, in deren Familien nicht vorrangig Deutsch gesprochen wird (C3). Noch keine Daten liegen für den Anteil der Kinder vor, bei denen Sprachförderbedarf besteht (Indikator C4)." (S. 11) „Eine rechtzeitige und wirksame Sprachförderung ist zentral für den Bildungs- und Integrationserfolg vor allem der Bevölkerung mit Migrationshintergrund. Hohe Indikatorwerte deuten auf einen erhöhten Förderbedarf hin. Der Indikator liefert indes keinen eindeutigen Hinweis auf den etwaigen Erfolg von Fördermaßnahmen." (IntMK 2011, S. 40).

---

[15] Länderoffene Arbeitsgruppe „Indikatorenentwicklung und Monitoring" der Konferenz der für Integration zuständigen Ministerinnen und Minister, Senatorinnen und Senatoren der Länder (IntMK) 2011.

1.3 Bildung als Sozialpolitik

Neben ihrem seit Jahrhunderten anerkannten politischen, wirtschaftlichen und sozial-kulturell integrativem Nutzen hat Bildung eine zunehmende Bedeutung als sozialpolitisches Instrument moderner Staatlichkeit gewonnen. Auch diese Nutzenfunktion hat eine Vorgeschichte, die in der Entwicklung des Wohlfahrtsstaates liegt.

Staatsentwicklung und der Aufstieg des Bildungsstaates sind in der europäischen Geschichte eng miteinander verflochten. Bildungspolitik ist in ihren Ursprüngen zwar älter als die Entstehung moderner Staaten, sie findet sich rudimentär bereits in kirchlichen Einrichtungen, in Städten und Fürstentümern des Mittelalters. Aber erst mit der Bildung moderner Staaten nimmt Bildungspolitik den großen Aufschwung zur flächendeckenden Versorgung der Bevölkerung mit Grundschulen, höheren Schulen, Hochschulen und dadurch mit professionellen Berufen wie Lehrern, Professoren, Wissenschaftlern, Juristen, Ärzten, Bürokraten, Ökonomen, Ingenieuren. Auf die absolutistischen Militärstaaten des 18. Jahrhunderts und die investierenden liberalen Wirtschafts- und Infrastrukturstaaten des 19. Jahrhunderts folgte dann im 20. Jahrhundert ein fürsorgender Bürgerrechts- und Wohlfahrtsstaat mit Schulzwang, Öffnung der höheren Schulen für alle und schließlich Hochschulbildung für die Bevölkerungsmehrheit.

Als Folge dieser Ausdehnung und Omnipräsenz des Bildungsstaates wachsen die schon von Comte und Durkheim formulierten Erwartungen an Bildung als Allheilmittel gegen zahllose Krankheiten der modernen Gesellschaft immer weiter an. Heute wird Bildung als Problemlösungs- und Förderungsinstrument breit eingesetzt für immer neue Zielgruppen: für Schüler, Auszubildende, Fachpersonal, Meister, Professionelle, für Verbands-, Firmen- und Gewerkschaftsmitglieder, für Aufstiegsmotivierte und Abstiegsgefährdete, Arbeitslose, Alleinerziehende, Frauen, Berufsrückkehrer, Einwanderer, Behinderte, Kranke, Kriminelle, Drogenabhängige, für Junge, Erwachsene und Alte, ja sogar für ganze Regionen und Städte, für die Betroffenen von Staatszusammenbrüchen wie im Fall der DDR, zur Bekämpfung von Wirtschafts- und Finanzkrisen – alle diese Zielgruppen und viele andere sind Adressaten vorsorgender und nachsorgender Bildungspolitik. Vollinklusive Bildung auf allen Stufen jederzeit und für alle Bewohner ist das unumstrittene normative Ziel. Das in Obhut Nehmen durch den Staat (Swaan 1993) hat höchste Erwartungen an die Lösung individueller und kollektiver Probleme durch Bildung geweckt und popularisiert, womöglich schneller und umfassender als es befriedigt werden kann. Der Aufwand steigt, während die Enttäuschung über unerfüllte Versprechen wächst. Sprengt insbesondere sozialpolitisch motivierte Bildungspolitik alle Grenzen, auch die ihrer eigenen Möglichkeiten?

Der politische Vorteil der Pädagogisierung von Problemen liegt in der Transformation von Machtkonflikten, Wirtschaftskrisen, kulturellen und sozialen Spannungen in Probleme der Bildung. Diese Transformation wandelt unterschiedliche Problemursachen in Bildungsdefizite um, bewirkt damit eine Entschärfung und Zivilisierung von Interessengegensätzen, Konkurrenz und Konflikten. Pädagogisierung enthält zudem das explizite oder implizite Versprechen der Möglichkeit, Probleme im Rahmen einer gerechten Gesellschaft der Gleichen durch Bildung und Bildungspolitik lösen zu können. Wirtschaftskrisen und Arbeitslosigkeit, Intelligenz- und Persönlichkeitsunterschiede, Alters- und Gesundheitsgegebenheiten, diverse soziale und kulturelle Ungleichheiten, die Gegensätze zwischen Klassen, Milieus und politischen Parteiungen, Konflikte um Religion und ethnische Identitäten werden unter bildungspolitischen Aspekten harmloser, zivilisierter, ausgleichbarer. Die Überschätzung der Einlösbarkeit von Versprechen und die Unterschätzung von Wirksamkeitsgrenzen stehen jedoch in einem Spannungsverhältnis. Das historisch gewachsene Vertrauen in die Leistungsfähigkeit von Bildung und Bildungspolitik ist so delikat wie das Vertrauen in Leistung und Finanzierbarkeit des Sozialstaates und des Staates insgesamt. Musterbeispiele sind die millionenfache Weiterbildung der DDR-Bevölkerung nach der Wende, obwohl deren Arbeitslosigkeit ganz überwiegend nicht auf Bildungsdefiziten beruhte, die enttäuschenden Erfolgsraten der Umschulung und Weiterbildung von Langzeitarbeitslosen, die Grenzen der Bildungspolitik je nach Immigrantengruppe, die bescheidenen Erträge der Resozialisation von Strafgefangenen oder die häufig vergeblichen Aufklärungsbemühungen über gesundheits- und umweltabträglichen Lebensstil.

Aufrufe zu Bildungsanstrengungen als Grundlage individuellen, gesellschaftlichen und nationalen Wachstums und Wohlergehens durch Regierungen, Parteien, die OECD und die EU, Pädagogen, Wissenschaftler, Schulen und Eltern sowie die Massenmedien sind gleichwohl alltägliche Routine. Der Glaube an den erlösenden Segen von Bildung und Bildungspolitik wurde eine Zivilreligion (Bellah 1992; Bellah und Hammond 1980; Beiner 2010). In Schultz' Worten: „Die gewaltige Lücke, die solchermaßen zwischen aufgebauschten Erwartungen und realen Möglichkeiten klafft, ist aus der Idee erwachsen, die Menschen und die Gesellschaft vervollkommnen zu wollen. Sie läuft auf die Absicht hinaus, eine ‚ideale' Gesellschaft zu schaffen, eine utopische Welt, in der kein Mensch mehr eigennützig denkt und handelt und in der es dann folgerichtig auch keinen Wettbewerb um knappe Mittel mehr gibt." (Schultz 1986, S. 60 f.).

Es besteht also ein Dilemma, das alle Nutzenaspekte von Bildung betrifft, nicht zuletzt aber die wohlfahrtsstaatliche Nutzung. Einerseits verbessern sich mit der Bildungsexpansion tatsächlich vielfältige individuelle Lebenschancen, andererseits aber wachsen auch die Lebensrisiken all derer, die mit den steigenden Bildungsanforderungen nicht mithalten können und scheitern. Massenhaftes Scheitern, auch Scheitern im Bildungssystem, häuft sozialen Sprengstoff an. Lindsey (2013, S. 2) formuliert das Dilemma so: „In any game where most of the players feel they are on the losing end, and where the players themselves have the power to rewrite the rules, sooner or later the pressure to change the rules will grow irresistible."

1.4 Der Bildungsstaat in der Globalisierung

Je nach historischem Verlauf der Staatsbildung, der Rolle von Regionalmächten und Städten, von Kriegen und Bürgerkriegen, von sozialen, religiösen, ethnischen Konflikten und Zusammenstößen, von Urbanisierung, Industrialisierung und Demokratisierung nahm die Entwicklung der Bildungsstaatlichkeit in Europa und im Westen unterschiedliche Wege. Typische Musterfälle bildungsstaatlicher Entwicklung waren Deutschland[16], England, Frankreich und die USA. Zum Ende des 19. Jahrhunderts war dann staatlich finanzierte, organisierte oder zumindest überwachte Bildung nicht nur in Europa Standard, sondern auch in Amerika und Australien (Hunter 1895). Heute setzt sich der Aufstieg des Bildungsstaates im engen Zusammenhang mit der jeweiligen Staatsentwicklung global weiter fort in unterschiedlichen nationalen Pfaden, gut beobachtbar an China, Indien, Japan, Korea, Philippinen, Singapur, Sri Lanka, Taiwan (Green 2013).

Die Entwicklung des nationalen Bildungsstaates stand immer im Zeichen von nationalen Rivalitäten, von Internationalisierung und Globalisierung. Die europäischen Nationen und Imperien einschließlich der USA exportierten ihre Bildungsideen, Bildungs-

---
[16] Bei historischer Betrachtungsweise in der Forschung, der Literatur und auch in diesem Band häufig am Beispiel Preußens behandelt.

interessen und Bildungsinstitutionen weltweit. Auch nach dem Ende der Imperien und des Kolonialismus wird die okzidentale Bildung und Bildungspolitik weiterhin als Erfolgsmuster global kopiert. Gleichzeitig bleiben nationale Varianten von Bildung und Bildungspolitik bestehen und es kommen neue nationale Pfade hinzu. Denn Bildungspolitik steht immer im Kontext der jeweiligen nationalen Interessen, Machtverhältnisse, Bildungsinstitutionen und Leitideen von Bildung (Archer 1979). Das politisch-ökonomisch-technische Nutzungsinteresse an Bildung ist zwar universal, aber es führt nicht zwangsläufig zu einem durch Bildung und Bildungspolitik erzeugten kosmopolitischen oder kulturellen Weltbürgertum.

Globalisierung und Nationalisierung treiben sich vielmehr wechselseitig voran, wobei gegenwärtig die Dominanz von westlicher auf nichtwestliche Globalisierung übergeht. Die Schwächung der nationalen Bildungssouveränität ist gut sichtbar am wachsenden Einfluss supranationaler Organisationen wie der EU (Bologna) oder am Einfluss internationaler Organisationen wie der OECD (PISA) und der Weltbank (Martens und Jakobi 2010; Martens et al. 2010). Die universale ökonomische und technische Nützlichkeit von Bildung wird überall hoch geschätzt, nachgefragte Qualifikationen und Kompetenzen verbreiten sich grenzenlos durch professionelle Akteure aus Industrie, Handel, Banken, Transport, Kommunikation, Recht, Technik und Wissenschaft und mit ihnen setzen sich eine isomorphe Bildungsrationalität (Meyer und Ramirez 2005; McEneaney und Meyer 2000; Baker 2014) und ein isomorpher Professionshabitus durch (Fumasoli et al. 2015; Mundy 2005; Schomburg und Teichler 2006). Nationale Autonomie und Souveränität werden schwächer trotz dezidierter nationaler Interessenpolitik klassischer Art und widerständiger, sich alternativ verstehender Globalisierungsgegner (Bascia et al. 2008; Ben-Peretz 2009; Hallinan 2000; Hayden und Levy 2007; Spring 2014; Zajda 2005). „The processes that now frame education policy are often constituted globally and beyond the nation-state, even if they are still articulated in nationally specific terms." (Rizvi und Lingard 2010, S. 3).

Europa und der Westen verlieren ihre Einzigartigkeit und Hegemonie auch auf dem Gebiet der Bildungspolitik. Neue Bildungsstaaten entstehen in neuen Zentren der Welt, während die Grenzen der Möglichkeiten des westlichen Bildungsstaates deutlicher hervortreten. Nationen und Zivilisationen steigen in langer Reihe auf oder ab unter Einschluss ihrer Bildungspolitiken, Bildungsideen, Bildungsinteressen und Bildungsinstitutionen. Doch noch sind eine globale Bildungspolitik und ein globaler Bildungsstaat eine kosmopolitische Fiktion (Calhoun 2007; Fine 2007).

1.5 Bildungserträge: Alternativen

Wie aus dem bereits zitierten deutschen Verfassungsentwurf von 1656 sichtbar wurde, ist das Vertrauen in die Wirkungsmöglichkeiten des souveränen Bildungsstaates so alt wie der moderne europäische Staat selbst. Konsens ist, dass Bildungspolitik in der Lage sei, die politische Loyalität der Bevölkerung zu stärken, Wirtschaftsleistung und individuellen Wohlstand zu heben und die sozial-kulturelle Integration der Bevölkerung positiv zu gestalten. So zielte die Alphabetisierung der Bevölkerung durch Schulpflicht ebenso auf die Stärkung der *Loyalität* der Untertanen wie das heutige Recht auf inklusive Bildung für alle auf die Loyalität der mündigen, demokratischen Bürger setzt. Nichtwähler, Wähler radikaler Parteien, Aktivisten unerwünschter sozialer Bewegungen gelten nicht zuletzt als Bildungsproblem. Auch das Vertrauen in den Nutzen von Bildungsinvestitionen als Mittel zur Förderung wirtschaftlicher *Wettbewerbsfähigkeit* und Prosperität von Gesellschaft und Individuen ist stabil. Es wird

24 Bildungsstaat

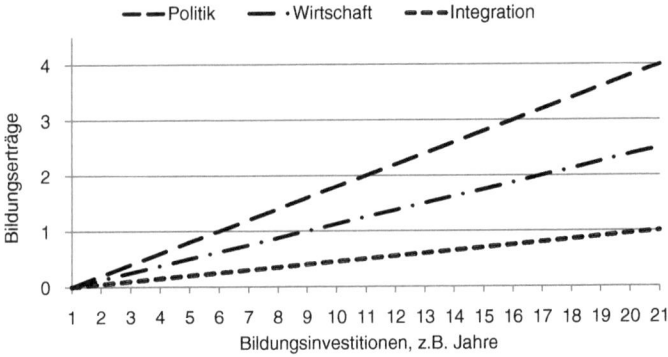

Abb. 1.1 Bildungserträge – erwünschte Verläufe

durch globale Konkurrenz gestärkt und zugleich auf die Probe seiner Wirksamkeit gestellt. Und schließlich, die *Integration* der Einwanderungsbevölkerung und sozialer Randgruppen über Bildungsteilhabe zur Vermeidung oder Beseitigung von Exklusion ist ohnehin omnipräsentes und unbestrittenes tägliches Thema von Politik und Medien.

Wie steht es um die zukünftigen Entwicklungsmöglichkeiten des Bildungsstaates? Die Abb. 1.1 und 1.2 enthalten alternative Modelle der Nutzenentwicklung von Bildungspolitik. Abbildung 1.1 (*erwünschte Verläufe*) veranschaulicht die vorherrschende optimistische Annahme von Regierungen und Parteien, dass Bildungsinvestitionen wie erwünscht immer und dauerhaft positive Erträge an Loyalität, Wohlstand und Integration hervorbringen. Bildung lohnt sich in allen drei Dimensionen. Sie ist kontinuierlich zu verbessern, auch wenn das im bildungspolitischen Alltag nicht immer konsequent getan wird. Bei den Investitionen in Bildung (x-Achse) kann es sich um eine Erhöhung der Zahl der im Bildungssystem verbrachten Lebensjahre handeln, wie beispielsweise historisch geschehen vom Analphabetismus über 8 Jahre Volksschule mit Schulpflicht auf heute bis zu 20 oder mehr Jahre Gymnasium und Hochschule mit Abitur, Bachelor,

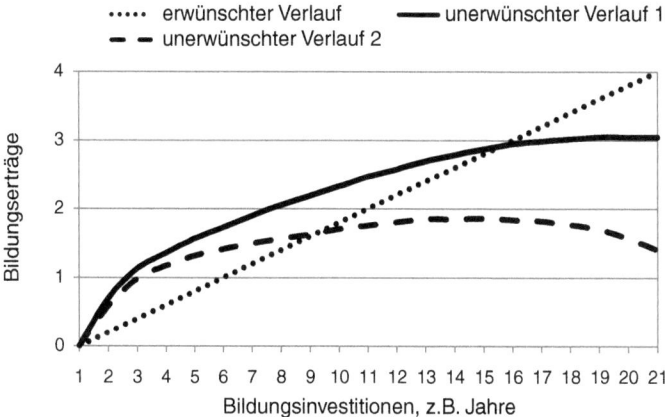

Abb. 1.2 Bildungserträge – unerwünschte Verläufe

Master und schließlich Promotion. Es kann bei den Investitionen aber auch um mehr und höher qualifiziertes Personal gehen, um bessere Gebäude, modernere Ausstattung, neue Organisationsformen, Curricula und Prüfungsformen.[17]

Auf der y-Achse ist der Gewinn aus mehr Bildung für politische Loyalität, Wirtschaftswachstum und Integration abgetragen. Zum *politischen* Nutzen gehören das Bekenntnis zur freiheitlich-demokratischen, rechts- und sozialstaatlichen Grundordnung des Landes, politisches Interesse und Engagement, Wahlbeteiligung, ein geringer Einfluss verfassungsfeindlicher Strömungen. *Wirtschaftliches* Wachstum kann durch höheres Einkommen und größere Ansprüche an Versorgungsleistungen wie beispielsweise Renten gemessen werden. *Sozial-kulturelle Integration* drückt sich landläufig unter anderem durch deutsche Sprachkenntnisse, kulturelle Partizipation, Habitus und (mittelschichtaffine) Werte

---

[17] Viele dieser in Wissenschaft und Politik häufig verwendeten Indikatoren sind wenig zuverlässig und aussagekräftig. So gibt die Zahl der im Bildungssystem verbrachten Lebensjahre nur eine schwache Auskunft über die erworbene Bildungsqualität (Hanushek und Woessmann 2015).

aus. Die Erträge aus Bildungsinvestitionen gelten in Abb. 1.1 als prinzipiell unbegrenzt und linear steigerbar: Jede Bildungsinvestition führt zu einem weiteren Stück Verbesserung. Das Maß der Erträge kann in Politik, Wirtschaft und Integration unterschiedlich groß sein.

In Abb. 1.2 werden alternative Annahmen zur Nutzenentwicklung von Bildungsinvestitionen dargestellt. Die *gepunktete* Linie nimmt noch einmal die Wunschvorstellung aus Abb. 1.1 auf, dass Bildungsinvestitionen unbegrenzt zu linearen Verbesserungen führen. Die *durchgehende* Linie hingegen steht für die skeptische Annahme, dass die Erträge von Bildungsinvestitionen erst rasch ansteigen, sich dann aber der Anstieg abschwächt und schließlich in einen Zustand der Wachstumslosigkeit übergeht. Ab einem bestimmten Punkt lohnen sich weiter fortgesetzte Anstrengungen, beispielsweise zusätzliche Studienjahre mit höheren Abschlüssen, nicht mehr.[18] Dieses Szenario ist in der Bildungspolitik unbeliebt, denn es widerspricht dem Glauben an unbegrenzt machbaren Fortschritt durch Bildungsinvestitionen. Eine Skepsis breiter Bevölkerungskreise hinsichtlich realistischer Weise zu erwartender immer höherer Erträge aus immer höherer Bildung würde sich fatal auf viele individuelle Bildungsentscheidungen auswirken. Solche Skepsis würde das Gefühl fairer Teilhabechancen an wirtschaftlicher Prosperität und sozialer Integration durch Bildungsaufstieg untergraben und die politische Loyalität in Frage stellen. Nur zahlungskräftige Eliten würden dann noch zu Distinktionszwecken unbegrenzt in extraordinäre Bildungsabschlüsse ihrer Kinder investieren – in englische Nobelinternate und in ein Studium an exzellenten amerikanischen Privatuniversitäten. Für alle anderen Bürger jedoch würden sich jenseits eines bestimmten Punktes, beispiels-

---

[18] Der Grenznutzen weiterer Bildungsinvestitionen geht gegen Null. Das ist eine Erwartungsannahme, die zum Beispiel gegen ein Zusatzstudium oder eine Promotion sprechen kann.

weise Abitur plus Lehre oder Bachelor und Master in Deutschland, weitere Anstrengungen nicht mehr auszahlen. Nutzen und Kosten gerieten in ein Missverhältnis. Eine breite Entwicklung von Skepsis würde das Vertrauen in die Möglichkeiten von Bildung und Bildungspolitik untergraben.

Noch gravierender würden sich Erwartungen größerer Verlustrisiken auswirken, Risiken derart, dass zusätzliche Bildungsinvestitionen mehr Schaden als Nutzen verursachen könnten (*gestrichelte* Linie). Eine solche Befürchtung klingt in Deutschland nicht spontan plausibel. Doch sie ist andernorts Realität. In nicht wenigen Ländern bestehen große Risiken von Arbeitslosigkeit auch nach Abschluss eines Studiums, Aussichten auf geringe Löhne und auf hohe Schulden als Folge hoher Studienkosten. Als dauerhaftes Massenereignis zerstören solche negativen Erträge von Bildungsanstrengungen die unantastbare Zivilreligion Bildung mit ihren irdischen Heilsversprechen eines guten und gerechten Lebens für alle. Deshalb ist dieses Szenario politisch tabuisiert, es ist ein Schreckensbild von apokalyptischer Qualität. Es ist keine motivierende Bildungsutopie, sondern eine abschreckende Bildungsdystopie. Nicht nur Bildungsinflation und negativer Grenznutzen, auch eine vollständig auf sozial- und inklusionspolitische Ziele ausgerichtete Bildung an Schulen und Hochschulen ohne Leistungskriterien unter Abschaffung jeden Wettbewerbs würde zwangsläufig zu einem abnehmenden Niveau und Nutzen von Bildung führen angesichts zunehmender Konkurrenz auf dem globalen Bildungs- und Arbeitsmarkt.

2
Das meritokratische Dilemma: Bildung als Bürgerrecht und Glücksstreben

Das Streben nach Glück in einem freien Leben, *„The pursuit of happiness"*[1], gehört in der amerikanischen Unabhängigkeitserklärung zu den unveräußerlichen Rechten aller Menschen.

Die Anerkennung unveräußerlicher Rechte auf Leben, Freiheit und individuelles Glücksstreben wird in den USA und andernorts zwar nicht sofort Verfassungswirklichkeit für alle Bürger, aber sie durchzieht die Entwicklung der westlichen Gesellschaften und bestimmt immer entschiedener das Lebensgefühl ihrer Bevölkerungen. Das Recht auf individuelles Glücksstreben gilt zugleich als meritokratische[2] Grundlage von Fortschritt und Gerechtigkeit, weil der Fortschritt aus vielfältigem individuellen Streben hervorgehe und zugleich zu einer leistungsgerechten Ver-

---

[1] *„We hold these truths to be self-evident, that all men are created equal, that they are endowed by their Creator with certain unalienable rights that among these are Life, Liberty and the pursuit of Happiness."* Die *„Declaration of Independence"* wurde vom Congress der dreizehn Kolonien am 4. Juli 1776 verabschiedet. Auf die indianische Bevölkerung, Schwarze, Sklaven und andere Gruppen fand sie lange Zeit keine praktische Anwendung (Mann 2007).

[2] Meritokratie: Eine von der individuellen Leistung abhängige Verteilung von Einkommen, Positionen, Status. Populär wurde der Begriff „meritocracy" im Englischen nicht zuletzt durch eine satirische, dystopische Gesellschaftsutopie des Soziologen und Politikers Michael Young (1958). Zur Diskussion siehe Allen 2011 und Hadjar 2008.

teilung der Ergebnisse führe. Allerdings wird auch eine Kehrseite des individuellen Glücksstrebens beklagt, ein Mangel an Bindung und Solidarität unter den in Konkurrenz untereinander nach Bildung, Wohlstand, Macht, Prestige und anderem Glück strebenden Bürgern.

Schon die antiken Philosophen Platon und Aristoteles sahen das schwer aufzulösende Dilemma zwischen individuell erstrebtem Privatwohl und normativem Gemeinwohl. Sie suchten die Lösung in einem gerechten Staat, der die Aufgabe hat, öffentliches Wohl und privates Glück der Bürger zu verbinden, wobei sie darüber divergierende Vorstellungen entwickelten. Weshalb auch sollte der Staatsapparat mit seinen am eigenen Glück interessierten Politikern, Beamten, Angestellten und Arbeitern, mit seinen föderalistischen und kommunalen Interessengegensätzen, mit der Konkurrenz von Ministerien, Behörden, Staatsfirmen, Bildungseinrichtungen, Polizei, Militär, Justiz, mit starken Einflüssen von Parteien, Gewerkschaften, Wirtschafts-, Sozial- und Umweltverbänden sowie parteinahen und parteifernen Bürgerinitiativen und zahllosen anderen Lobbyisten ein neutraler Sachwalter des Gemeinwohls sein und nicht selbst ein in sich fraktionierter Teilnehmer am allgemeinen Streben nach Glück und Erfolg (Brennan und Buchanan 1993; vergleiche dagegen Rawls 1975 und Miller 2008)?

2.1 Der Kampf um Bildungsideen und Institutionen

Die unveräußerliche Freiheit des Strebens nach Glück schließt das Streben nach Bildung und Bildungserfolgen ein. Die Interessenkonflikte der Bürger um Bildungspolitik, Bildungsideen und Bildungsinstitutionen sind deshalb endlos und vielgestaltig. Das gilt für alle demokratischen Rechtsstaaten. Die parteiliche

Fraktionierung der deutschen Bildungspolitik ist lediglich ein Musterfall.

„Bildung ist Bürgerrecht. Plädoyer für eine aktive Bildungspolitik", so lautet der Titel eines Buches in einem kleinen Verlag, mit dem Ralf Dahrendorf (1965) bildungspolitische Geschichte schrieb. Das Buch gilt bis heute als ein Meilenstein der Bildungsreformen der sechziger Jahre gemeinsam mit Georg Pichts (1965) „Die deutsche Bildungskatastrophe" und Eddings (1963) vergleichenden bildungsökonomischen Analysen und Prognosen.[3] Doch eine Einheitsfront der Bildungsreformer existierte damals wie heute nicht.

Scharf kritisiert Dahrendorf Pichts „Deutsche Bildungskatastrophe" wegen ihrer protestantisch-bildungsbürgerlich apokalyptischen Warnungen vor Niedergang und Zerfall der deutschen Kulturnation, der Demokratie und der Freiheit. Er vergleicht diese „Metaphern" mit anderen populären Untergangsverkündigungen wie Oswald Spenglers (1923) „Der Untergang des Abendlandes". Auch Friedrich Eddings bildungsökonomische Arbeiten zur Leistungsfähigkeit des deutschen Bildungssystems im internationalen Vergleich finden wenig Zustimmung. Er kennzeichnet sie als kuriose, imaginäre Projektionen: „Man kann nichts mit ihnen anfangen [...]." (Dahrendorf 1965, S. 16) Hängen Konkurrenzfähigkeit, Bruttoinlandsprodukt, Wohlstand und die internationale Stellung Deutschlands und anderer Länder wirklich von der Zahl ihrer jeweiligen Abiturienten und Studenten ab? Gilt die Gleichung, je mehr Abiturienten und Studenten, desto höher

---

[3] *Dahrendorf*: Konstanzer Soziologieprofessor, Staatssekretär im Bundesbildungsministerium, EU Kommissar, Präsident der London School of Economics and Political Sciences (LSE), Lord des Britischen Oberhauses. *Edding*: Professor für Bildungsökonomie an der TU Berlin, Direktor des Max-Planck-Instituts für Bildungsforschung Berlin, Mitglied der Bildungskommission des Deutschen Bundestages. *Picht*: Prägte den Begriff Bildungskatastrophe. Leiter der Birklehofschule Hinterzarten, Leiter der Forschungsstätte der Evangelischen Studiengemeinschaft Heidelberg, Professor für Religionsphilosophie in Heidelberg.

sind Wirtschaftswachstum, soziale Wohlfahrt und internationale Wettbewerbsstärke? Diese These sei unbewiesen. So habe sich die Zahl der Abiturienten und Studenten von 1950 bis 1963 bereits verdoppelt und zwar ohne jede staatliche bildungspolitische Initiative und „ohne an das überlieferte Bildungssystem zu rühren" (Dahrendorf 1965, S. 9).

Dahrendorf betont, dass der Bildungsbedarf so wenig objektiv sei wie der Bedarf an Ärzten und Juristen. Er ist ein Politikum. Bei Bedarfsargumenten gehe es immer um die Durchsetzung rivalisierender Interessen. Picht sieht er in der deutschen Tradition sozialromantischer Utopie einer endgültig guten Gesellschaft, die in diesem Fall über Bildung herzustellen ist. Edding steht für die Dominanz ökonomischer Nützlichkeit der Bildung als Instrument des weltweiten Wettbewerbs um Wohlstand und Stärke. Beides sind dauerhafte und starke Bildungsideologien in Deutschland und anderen Ländern. Sie entspringen einer Sehnsucht nach Sicherheit, Gewissheit, Planbarkeit, die ein Symptom mangelnder Mündigkeit sei, so Dahrendorf.

Anders die eigene, liberale Position: „Die überzeugende Begründung einer aktiven Bildungspolitik kann [...] nur in Anknüpfung an den Gedanken eines Bürgerrechts auf Bildung erfolgen." (Dahrendorf 1965, S. 22) Dahrendorfs Plädoyer für Bildung als Bürgerrecht verspricht kein irdisches Heil für Individuum und Gesellschaft durch Bildung und Bildungspolitik, keine immerwährende soziale und kulturelle Harmonie, kein Wohlstandswachstum. Es droht bildungspolitisch Un- oder Andersgläubigen nicht mit dem moralischen und gesellschaftlichen Ausschluss oder der Apokalypse, und es verspricht ausdrücklich keine individuelle oder staatliche Planungssicherheit. Der Staat erlässt die gesetzliche Schulpflicht und garantiert die Bereitstellung einer guten Bildung für alle. Doch Bildungswahl und das Erklimmen höherer Bildungsstufen muss sich nach individueller Motivation und Leistungsfähigkeit richten ohne systematische politische Bevorzugung oder Benachteiligung gesellschaftlicher Gruppen aufgrund bildungsfremder Kriterien.[4] „Bürgerrechte sind notwendig gleiche Bürgerrechte. Doch ist das Plädoyer für eine aktive Bildungspolitik zur Sicherung der Bürgerrechte kein Plädoyer für soziale Gleichheit. Eine freie Gesellschaft ist immer auch eine Gesellschaft, die der Ungleichheit weiten Raum gibt – solange und insoweit diese nicht den notwendigen gemeinsamen Bürgerstatus aller Bürger verletzt." (Dahrendorf 1965, S. 26)

Picht, Edding und Dahrendorf stehen stellvertretend für rivalisierende Leitideen einer guten Bildung in einem guten Bildungsstaat. Dahrendorfs liberale Sicht auf Gesellschaft, Staat und Bildung hat heute nur noch geringes politisches Gewicht. Bürgerlich-liberales Gedankengut gilt als politisch nicht korrekt, fast schon als unsittlich, geschmäht als soziale Kälte. Nach dem Niedergang dieser alten Bildungstradition bestimmen andere konkurrierende Bildungsideen die oft parteiaffine Bildungspolitik, den Kampf vieler kleiner und großer politischer und gesellschaftlicher Machtgruppen, ihrer Wähler und Klientel um Kindergärten, Schulen und Hochschulen. Die Interessen der jeweiligen Parteien und Aktivisten spiegeln sich in deren Bildungsideen und Institutionspräferenzen. Dabei zeigt sich, welche Ideen und Institutionen sich für welche Gruppen am besten zur Durchsetzung der jeweiligen Macht-, Wirtschafts- und Kulturinteressen in öffentlicher und verdeckter Konkurrenz eignen.

Handfeste bildungspolitische Interessen treten nicht zwangsläufig offen auf. Sie werden häufig im Rahmen hoher Leitideen verfolgt, wobei beide, Interessen und Leitideen, ineinandergreifen: Leitideen schaffen Orientierungen, Weltbilder, Ideo-

---

[4] Dahrendorf plädiert für die Erweiterung von Lebenschancen (1979), kritisiert aber scharf politische Heilsversprechungen im modernen sozialen Verteilungskonflikt (1992).

logien, die als ‚Weichensteller'[5] für die Interessenverfolgung dienen. So verleihen Leitideen guter Bildung den Interessen von Parteien und Aktivistengruppen einen höheren Sinn und eine starke Bedeutung in Leben und Geschichte. Sie legitimieren und veredeln die jeweiligen praktischen Interessenverfolgungen. Die erfolgreiche Durchsetzung der bevorzugten Bildungsinstitutionen garantiert dann die dauerhafte Wahrung der jeweiligen Interessen, eingebettet in einen Rahmen sinngebender Leitideen, in ein moralisch gutes Weltbild. Deshalb ist „Institutionenpolitik […] die bewußte Einflußnahme auf den Grad und die Richtung der Leitideen, die institutionalisiert oder de-institutionalisiert werden" (Lepsius 1995, S. 400).

Bildungsinstitutionen sind immer das Ergebnis des Sieges in Machtkämpfen, so Margret Archer (1979) in einer international vergleichenden Studie. Da nationale Machtgruppen fortwährend um ihren Einfluss auf das Bildungswesen kämpfen, sind die international vorfindlichen unterschiedlichen Bildungsstrukturen das Ergebnis der jeweiligen nationalen Kämpfe. Collins formuliert es knapp so: „The permanent fight for educational credentials mirrors the fight for social positions and reflects the balance of power in society." (Collins 1979, S. 195)

2.2 Gewinner und Verlierer

Spannungen und Konflikte zwischen normativem öffentlichen Gemeinwohl und individuellem Glückstreben, zwischen Bürgerrecht auf Bildung und freier Verfolgung von Bildungsinteressen aller Arten formen ein Dilemma. Dieses Dilemma prägt die

---

[5] „Interessen (materielle und ideelle), nicht: Ideen, beherrschen unmittelbar das Handeln der Menschen. Aber: die ‚Weltbilder', welche durch ‚Ideen' geschaffen wurden, haben sehr oft als Weichensteller die Bahnen bestimmt, in denen die Dynamik der Interessen das Handeln fortbewegte." (Weber 1978, S. 252).

Bildungspolitik heute mehr als in früheren Zeiten, in denen weiteste Bereiche der Bevölkerung von Bildung ausgeschlossen waren. Denn mit jedem Fortschritt der Öffnung des Bildungszugangs, mit immer inklusiverer Bildung und mit immer höheren Abschlüssen für immer mehr Bürger steigt auch der immerwährende Wettbewerbsdruck im Kampf aller gegen alle um die knappen begehrten Bildungserträge. Mit Freiheit und Gleichheit ist der Krieg aller gegen alle eröffnet, wie Hobbes (1965, 1991) schon in der Gesellschaft Englands um 1650 aus Anlass des Bürgerkrieges feststellte. Es wachsen Motivation und Bildungspanik (Bude 2011) in der Bevölkerung, trotz aller Gleichstellung den eigenen Bildungserfolg und den der eigenen Kinder in Konkurrenz zu anderen Bildungsrechteinhabern durchzusetzen. Denn der Mensch liebt nicht das stille Glück, sondern die unaufhörliche Erfüllung neuer Wünsche und Begierden (Hobbes 1965, S. 76). Der natürliche Zustand menschlichen Zusammenlebens ist daher der Krieg, den nur der Leviathan Staat verhindern kann.[6]

Das Dilemma besteht insoweit und solange, als sich Bildungsabschlüsse in vielfältige Tauschwerte einlösen lassen: Arbeitsplätze, Einkommen, Status und Prestige, Freundschaften und Heiratschancen, selbst Gesundheit und Lebenserwartung. Individuelles Erfolgsstreben und gleiches Bildungsrecht stehen in einer freien Gesellschaft gleicher Bürger unvermeidlich in einem spannungsreichen Verhältnis zu Gerechtigkeitsidealen und Gleichheitsnormen. Nur die Abschaffung der Freiheit der Wahl von Schulen, Hochschulen, Fächern, Abschlüssen und möglichst auch der Berufswahlfreiheit sowie die Senkung der Einkommen

---

[6] Bekannt ist Hobbes' Formulierung „homo homini lupus", der Mensch ist dem Menschen ein Wolf. Die Lösung sieht er in der freiwilligen und unwiderruflichen Einrichtung des Staates als Zwangsanstalt, genannt Leviathan. Im Fall des modernen Bildungsstaates bleibt jedoch das Dilemma zwischen Freiheit und Gleichheit dauerhaft bestehen. Der Krieg wird allerdings zivilisierter und chancengerechter.

von Studierten auf oder unter das Niveau der Nichtstudierten würden den Konflikt zwischen Gleichheitsnorm und Freiheitsfolgen stark mäßigen. Ein Musterfall für diese Strategie war die strikte Bildungsplanung und Berufslenkung der DDR – allerdings mit der Folge gravierender Einbußen an Leistungsfähigkeit, mit Allokationsverzerrungen, Demokratie- und Freiheitsverlusten. Wirklich radikal räumt nur die Abschaffung jeglicher Freiheit in Bildung, Beruf und Leben wie im Kambodscha Pol Pots das Dilemma der Verletzung der Gleichheitsnorm durch Freiheitsfolgen aus der Welt: durch Ermordung der studierten Brillenträger.

Die Modernisierung der westlichen Gesellschaft ging einher mit einer Verringerung des Gewichts von ererbtem und zugeschriebenem Status nach Klasse, Stand, Geschlecht, Religion und mit dem Bedeutungsgewinn von Positionen, die durch Bildungsabschluss und Berufserfolg erworben werden können (Parsons 1972, 1975; Reisz und Stock 2013). Die schrittweise Ablösung des Vererbten, Schicksalhaften und Unabwendbaren im Leben durch das Erwerbbare ruhte auf wachsender wirtschaftlicher und politischer Freiheit und auf Rechtsgleichheit, brachte aber auch Individualisierung und Konkurrenz der Freien und Gleichen mit sich, nicht deren Brüderlichkeit, wie die bekannte Parole der französischen Revolution suggeriert. Das gleiche Dilemma gilt für Fortschritte im Bildungswesen. Ein nach Klassen, Ständen, Geschlecht und Religion unabänderlich gegliedertes Bildungssystem lässt nur Konkurrenz innerhalb der gegliederten Bildungshierarchien zu, nicht aber zwischen ihnen. Solange kein gleicher Zugang zu Bildung überhaupt oder zu höherer Bildung im Besonderen besteht, standen große Bevölkerungsgruppen außerhalb oder am Rande der Bildungskonkurrenz, die ihnen ganz, weitgehend oder teilweise verschlossen war.

Bildungskonkurrenz als Dauerzustand für alle Bürger bis in die letzten gesellschaftlichen und geographischen Nischen Deutschlands, Europas und heute des Globus hängt also mit der demokratischen Öffnung der Bildung zusammen. Sie wächst mit jedem Fortschritt an Inklusion und Chancengleichheit an. Gleichzeitig wirken sich Benachteiligungen aus der Herkunft immer noch aus. Auch nach Jahrhunderten des Bildungsfortschritts sind Erfolge in der Bildungskonkurrenz in erheblichem Maße durch die familiäre Herkunft mitbestimmt, durch Klassen, Milieus, Ethnien, Religionsgemeinschaften, Regionen und Staaten. Durch die Globalisierung nimmt die Bildungskonkurrenz weiter zu. Bildungszugänge und -abschlüsse messen sich heute mehr denn je auf einem globalen Bildungsmarkt. Das gilt zumindest so lange, wie chancenreicher Wettbewerb zugelassen wird, ohne dass Ergebnisgleichheit oder Verwertungsverbot der Bildungsabschlüsse dominante Norm werden. Global ist letzteres schwer vorstellbar. Als nationaler Alleingang würde das Bildungsdilemma der modernen westlichen Gesellschaften dann zwar beendet, aber zugleich damit auch der Typus der freien, leistungsfähigen und demokratischen westlichen Gesellschaft in Frage gestellt.

Zwischen normativer Gleichstellung und empirischer Ungleichheit, zwischen mehr Inklusion und gleichzeitig differenzierenden Ergebnissen tun sich unvermeidlich immer neue bildungs- und gesellschaftspolitische Konflikte auf. Deshalb ist Bildung in einer offenen Gesellschaft nicht nur ein privates, sondern immer auch ein öffentliches Problem des modernen Staates, der Bildung als Mittel zur sozialen und kulturellen Integration und Inklusion sowie gleichzeitig als Schlüssel zur Erlangung von Wirtschaftswachstum, Wohlstand und sozialer Sicherheit einsetzt. Normativ wird Bildung als geeignetes politisches Mittel gerühmt, eine gute und gerechte Gesellschaft der Gleichen zu gestalten, genutzt aber wird Bildung zugleich immer zur Erreichung individueller und gruppenspezifischer Vorteile in Konkurrenz der freien Bürger untereinander. Bildung als Prärogative[7] des Staates bietet heute keine Lösung mehr.

Im ewigen *pursuit of happiness* stehen die Bürger in Konkurrenz, gleich welcher parteipolitischen Couleur sie zuneigen. Auch leidenschaftliche Bildungsaktivisten, Gleichheitspolitiker, Ungleichheitsforscher und Inklusionspädagogen suchen ganz selbstverständlich und nachhaltig ihren persönlichen Vorteil und das Glück ihrer Kinder in Bildung, Beruf und Gesellschaft auch auf Kosten ihrer Konkurrenten. In den Graduate Schools exzellenter Universitäten sitzen die promovierenden zukünftigen Eliten und diskutieren empathisch Wege zu mehr sozialer Gleichheit und Gerechtigkeit, wobei sie selbst aber den Folgen eben dieser Gleichheitsnorm durch Studium an einer Exzellenzeinrichtung zu entkommen suchen. Die Zahl privater Schulen und Hochschulen wächst im Streben nach geschützten und distinguierten Bildungsmilieus bei fortlaufender öffentlicher und privater Gleichheitsrhetorik.

Das Rennen ist seit Generationen eröffnet, nimmt an Rasanz zu, zwingt zu immer höheren Zielen, höherem Lebenszeit- und Geldeinsatz bei gleichzeitigem Verfall des Wertes von zuvor noch als gut oder ausreichend geltenden Abschlüssen. Die Volksschule für das Volk ist verschwunden, die Hauptschule der großen Bevölkerungsmehrheit bekam das zynische Etikett „Restschule", der noch kürzlich angesehene Realschulabschluss hat seinen lange Zeit unbestrittenen Rang eingebüßt, die Entwertung des Abiturs und des universitären Bachelorabschlusses (BA) sind dabei zu folgen. Mit jeder Anhebung von Ausbildungsgängen und Zeugnissen bleiben Individuen und Bevölkerungsgruppen zurück. Es gibt neben immer neuen Gewinnern auch immer neue Verlierer.

---

[7] „Prärogative" bezeichnete das Entscheidungsvorrecht des Herrschers, des eigentlichen Souveräns in Hobbes' Leviathan, im Falle des Konflikts mit den Bürgern. Staatsinteresse und Gemeinwohl werden letztlich durch den Herrscher definiert.

Das Dilemma des Bürgerrechts auf Bildung mit Gleichstellung einerseits und differenzierenden Folgen individueller Freiheit im Glücksstreben andererseits ist ein Kennzeichen moderner Gesellschaften, deren Sozialstruktur nicht mehr durch feudalen Großgrundbesitz, Religionszugehörigkeit, Klassen- und Standesprivilegien geprägt ist, sondern durch Freiheit, Gleichheitsnorm und Leistung in Bildung, Beruf und Gewerbe. Das Bildungsdilemma wird umso sichtbarer, je demokratischer und meritokratischer die individuell erworbenen Zertifikate zum entscheidenden Auswahlkriterium für die Verteilung irdischer Güter gemacht werden. Gleichzeitig verspricht der Bildungsstaat allen Bürgern Bildungsinklusion mit Wohlstand, sozialer Sicherheit, Integration zu möglichst gleichen Anteilen. Als Folge wird immer dann, wenn gesellschaftspolitische Konflikte aus Einkommen, Vermögen, Klassenzugehörigkeit, Milieu, Migration, Ethnien, Religion, Nationen und Regionen, aber auch aus Geschlecht, Familientradition, Habitus nicht oder nicht kurzfristig zu lösen sind, bevorzugt eine verfehlte Bildungspolitik verantwortlich gemacht und bessere Bildung als Lösung propagiert. Politisch ist diese Strategie optimal. Sie gibt der Bildungspolitik Einfluss und Macht, erlaubt immer aufs Neue die Denunziation der Ziele und Wege des Gegners und die Propaganda der eigenen erlösenden Bildungsversprechen, die dann wiederum durch die dem Gegner zugewiesene Schuld keine oder nur partiell Realität werden, womit die nächste Runde im Reigen eröffnet werden kann. Der Bürger hat die demokratische Wahl zwischen den Anbietern der Zukunftsversprechen.

Viele Jahrhunderte haben die Anstrengungen gedauert, Emanzipation und Gleichstellung des Bürgertums als Bildungsbürgertum (Lundgreen 2000) gegen Adel und Klerus nicht zuletzt über Bildungsmeritokratie durchzusetzen, bis sich die gesellschaftliche Macht endgültig verschoben hatte. Im Unterschied zum siegreichen Bürgertum war der Gleichstellung der Arbeiterklasse oder des Proletariats, wie es noch bis vor Kurzem stolz hieß, trotz generationenlanger Gleichstellungspolitik kein vergleichbarer Erfolg beschieden. Aus der in den sechziger Jahren populären und vielzitierten Klage über die Unterprivilegierung des sprichwörtlichen „katholischen Arbeitermädchens vom Lande" (Dahrendorf 1965; Peisert 1967) gelang nur die Gleichstellung des unterprivilegierten katholischen gegenüber dem privilegierten protestantischen Kind[8], des Mädchens gegenüber dem Jungen, des Landkindes gegenüber dem Stadtkind, nicht jedoch gelang die Gleichstellung des Arbeiterkindes. Mittlerweile ist das Problem klassenspezifischer, religionsspezifischer und ethnischer Ungleichheit als Folge der Einwanderung wieder präsenter als zuvor und das Problemkind ist ein muslimischer, arabischer Migrantensohn aus der segregierten Stadt, nicht aber das katholische Mädchen vom Lande.

„In short, the vision of education as a private good (formed by the self-interested actions of individual consumers) has consistently won out over education as a public good (formed by the social aims of reform movements)." (Labaree 2010, S. 6) Wenn mein Kind vor deinem Kind im Wettbewerb um bildungsabhängige Lebenschancen obsiegen soll und deines wiederum vor meinem, dann werden immer offenere Bildungszugänge und höherrangige Zeugnisse sowie Förderung und Gleichstellung nichts ändern an der unbegrenzten Fortexistenz des Wettbewerbs aller gegen alle mit differenzierendem Ausgang. Eine Lösung wäre, die Bildungsergebnisse vollständig zu egalisieren durch Einheitsabschluss mit Einheitsnote, jede meritokratische Belohnung für gute Leistungen strikt zu unterbinden mit nachfolgender Zuteilung von Arbeitsplatz und Einheitslohn. Das Ergebnis wäre die Abschaffung der bestehenden Gesellschaftsordnung. Will die Mehrheit das nicht, dann ist das Dilemma aus-

---

[8] Die bessere Bildung der protestantischen gegenüber der katholischen Bevölkerung war schon Thema in Webers hundert Jahre alter Studie „Die protestantische Ethik und der Geist des Kapitalismus" (Weber 1978, S. 17–206).

zuhalten, sind Interessengegensätze und Machtkonflikte auch im Bildungswesen demokratisch stets aufs Neue in Kompromissen zu moderieren. Zu beseitigen sind sie nicht, denn das Recht auf Bildung egalisiert nicht, sondern differenziert gerade durch seine freie Ausübung.[9]

---

[9] Das trifft auch auf ausdrücklich kompensatorische Bildungsprogramme zu. So differenzieren Kurse zum Nachholen des Schulabschlusses (Weymann et al. 1980) je nach individuellem Erfolg zum einen innerhalb der Kursteilnehmerschaft, zum anderen aber auch alle erfolgreichen Teilnehmer von allen Nichtteilnehmern ohne Schulabschluss in der Bevölkerung. Exemplarisch waren auch die differenzierenden Ergebnisse der Bildungsprogramme im Zuge der Transformation Ostdeutschlands (Wingens und Grotheer 2000), die durch Bildungsausbau, vor allem durch die rasante Expansion der Hochschulen, neue soziale Ungleichheit statt mehr Gleichheit erzeugten (Sackmann et al. 2000).

3
Aufstieg. Christentum, Städte, Reich und Bildungspolitik

14. Jahrhundert: Unterricht in den christlichen Wissenschaften und der lateinischen Sprache durch das Chorherrenstift der Lambertikirche.

1573: Gründung der Lateinschule durch den Grafen Johann.
1614 Velsteinsche Schulordnung: ‚Die Schulen machen gute Christen, daraus werden treue Untertanen.'

1792: Reform der Lateinschule unter Herzog Peter Friedrich Ludwig: ‚Das Wohl des Staates ruht auf der Grundlage einer möglichst allgemeinen Bildung des Volkes.'

1815: Humanistisches Bildungskonzept; Reifeprüfung nach preußischem Vorbild.[1]

Der Aufstieg von Bildung und Bildungspolitik ist eng mit der Entwicklung moderner Staatlichkeit in Europa verbunden. Für Jahrhunderte teilten Schulen und Universitäten die Bevölkerung in eine kleine gebildete Elite und ungebildete Massen. Diese Unterscheidung war jedoch ein sozialer Fortschritt, denn Bildung ließ sich (prinzipiell) erwerben im Unterschied zur Standeszugehörigkeit durch Geburt, zu ererbten Privilegien, Vermögen, Ethnizität und Geschlecht. Die Gebildeten aller Stände formen

---

[1] Website des Alten Gymnasiums Oldenburg http://www.altesgymnasium.de. (Zugegriffen: 15. August 2015).

erstmals eine eigene soziale Gruppe (Schwinges 1996). Christliche Schulen und Universitäten, Bildungseinrichtungen der Stadtrepubliken, absolutistischer Zentralstaaten und moderner Nationalstaaten bilden Stufen wachsender Bildungsstaatlichkeit mit immer offeneren Bildungszugängen, höheren Abschlüssen und damit einhergehend mit Verbesserungen individueller Lebenschancen durch Bildung. Immer mehr Bürger beteiligten sich für immer längere Abschnitte ihres Lebens an immer höherer Bildung. Individueller Aufstieg in Zünften, Professionen und öffentlichem Dienst wurde über die Jahrhunderte möglicher und üblicher (Stearns 2001).

Anfang des 19. Jahrhunderts formulierte Comte das Ziel dieser historischen Entwicklung des Bildungssystems aufklärerisch kosmopolitisch in einer vertrauten Weise: „Einsichtige Personen erkennen […] einstimmig an, daß an die Stelle unserer (bisherigen) Erziehung eine positive Erziehung treten muß, die mit dem Geist unserer Zeit übereinstimmt und den Bedürfnissen der modernen Zivilisation entspricht." (Comte 1974, S. 13) Im neuen positiven Zeitalter werde es geistige und moralische Harmonie geben, vollständig, dauerhaft, in gemeinsamer und nachhaltiger Verantwortlichkeit, verknüpft mit „dem Dasein der ganzen alle Zeiten und Orte umfassenden Menschheit" (Comte 1974, S. 510). Comte konzipiert eine pädagogisch und bildungspolitisch omnipotente Heilsutopie, wie sie auch heute angesichts gesellschaftlicher Herausforderungen Anklang findet.

3.1 Bürgerstädte, Renaissance, Reformation

Im Jahre 787 veranlasste *Karl der Große* in einem Schreiben an Bischof Lullus von Mainz und Abt Bangulf von Fulda, für das Volk elementare Bildung auf Pfarrebene anzubieten und

3 Aufstieg. Christentum, Städte, Reich und Bildungspolitik 45

für die Söhne höherer Stände Lateinschulen in den regionalen Zentren einzurichten (Durkheim 1977). Die Schulen des *Mittelalters* waren Pfarr-, Bischofs- und Ordensschulen, aber auch private Internate und Stadtschulen, finanziert aus Gebühren und letztere teilweise bezuschusst aus städtischen Steuern. Die Alphabetisierung des Volkes war gering, Bildung war ein Privileg der höheren Stände in den Städten, des Klerus und des Adels (Lawson und Silver 1973).

Nicht nur die Schulen, auch die Universitäten des Mittelalters waren häufig aus christlichen Einrichtungen, aus Kathedral- und Klosterschulen, hervorgegangen. Zu den ältesten gehören Bologna (1158), Oxford (1167), Paris (1200) und Salamanca (1215) (Day 2001, S. 353). Innerhalb des Deutschen Reiches waren die ersten Gründungen Bologna (1158), Prag (1346), Wien (1365), Heidelberg (1386) und Köln (1389). Bis zur Reformation gab es 18 Universitäten im Reich, an denen sich jährlich etwa 3000 Studierende immatrikulierten, eine an Wissenschaft (scientia) geschulte Elite (Hammerstein 2003, S. 3 ff.). Universitäten genossen Prestige, Autonomie, Steuervergünstigungen und Privilegien. Das kostspielige, aber unverzichtbare kaiserliche Privileg[2] von 1158 (authentica habita) gab ihnen Schutz gegen örtliche Mächte. Universitäten hatten vier Fakultäten: drei Fakultäten der höheren Studien, Theologie (z. B. Pfarrer), Recht (z. B. Staatsdienst), Medizin (z. B. Hof- oder Stadtarzt) und eine Fakultät der niederen Studien der Künste (artes), unterteilt in Trivium (Grammatik, Rhetorik, Logik) und Quadrivium (Arithmetik, Geometrie, Astronomie, Musik) (Hammerstein 2003).

Die Universität hat die europäische Kultur und Zivilisation dauerhaft geprägt. Ihre Leitidee ist nicht religiöse Lehre oder

---

[2] Erstmals der Universität Bologna 1158 verliehen durch Kaiser Friedrich Barbarossa. Zum Recht der Privilegierung durch den Kaiser (oder Papst) siehe Pufendorfs Abhandlung über den Zustand des Reiches von 1667/1669 (Pufendorf 1991).

Berufsausbildung, sondern *Bildung durch Wissenschaft.* Die Quellen dieser Leitidee verdanken sich nicht zuletzt der Wiederentdeckung griechischer wissenschaftlicher Texte aus der Antike, vor allem der naturwissenschaftlichen Bücher („libri naturales") des Aristoteles. Sie finden den Weg in die Universitäten über arabische Autoren wie Avicenna (Ibn Sina) und Averroes (Ibn Rusd) sowie in Übersetzungen und Kommentaren christlicher Gelehrter wie Albertus Magnus[3]. Die wissenschaftliche Weltsicht wird Bestandteil universitärer Lehre, beeinflusst auch die Theologie und prägt über die Bildung der Studenten die europäische Kultur. So verbinden sich beispielsweise an der Universität Bologna, hervorgegangen aus einer Rechtsschule, christlich-dogmatisches Recht mit römisch antikem (Corpus Juris Iustitiani) und germanisch langobardischem Recht zu einem universalistisch wissenschaftlich begründeten Recht (Roesner 2011).

Studenten der niederen Studien (artes oder Künste) schlossen mit dem Magister ab, Studenten der höheren Studien (Theologie, Recht, Medizin) mit der Promotion oder dem preiswerteren Lizenziat. Grundlage war der Erwerb des Baccalaureus (heute Bachelor). Der Baccalaureus berechtigte zum weiterführenden Magister- und Promotionsstudium und damit auch zur (nichtprofessoralen) Lehre von Magisterstudenten und Doktoranden. Akademische Abschlüsse waren in Europa anerkannt und Professoren durften im Prinzip überall lehren[4]. Das Studium basierte insgesamt auf nur rund 30 kanonisierten (zugelassenen) Lehrtexten. Unterrichtssprache war Latein. Fakultäten waren mit etwa 11 Professoren klein. Wie heute auch ergänzte sich das Professorenkollegium selbst durch Berufungen, während die Anstellung durch Kirche, Stadt oder den Landesherrn erfolgte. Bezahlt wurde über Gehälter, Pfründe, Privilegien oder Sinekuren.

---

[3] Albertus Magnus war neben vielem anderen Magister regens der Pariser Universität und Leiter des studium generale der Dominikaner in Köln (Honnefelder 2011).
[4] „Venia oder licentia ubique docendi": Erlaubnis oder Freiheit überall zu lehren.

3 Aufstieg. Christentum, Städte, Reich und Bildungspolitik 47

Die Finanzierung war im partikularisierten Deutschen Reich – und ist es bis heute – Aufgabe der Länder (Territorialstaaten) oder auch der Städte. Im Deutschen Reich gab es kaum eine zentrale Bildungspolitik mit Ausnahme der kaiserlichen Privilegierung der Universitätsgründungen.

Doch die Städte und Territorialstaaten sahen die Vorzüge der Bildung durchaus. Im 15. Jahrhundert, im zu Ende gehenden Mittelalter, hatten in Deutschland selbst kleine Städte mit tausend Bürgern eine Lateinschule (Gymnasium) für die Söhne, seltener für die Töchter der höheren Stände eingerichtet. Schulen für das Volk, „Winkelschulen", waren hingegen nicht die Regel. Eine Schulpflicht gab es nicht. Der *humanistische* Bildungsreformer Jakob Wimpfeling, Professor in Heidelberg und Bürger Straßburgs, plädierte 1501 für städtische Lateinschulen zur Bildung und Erziehung der Kinder von Bürgern, Patriziern und Adeligen mit dem Argument, dass das städtische Gymnasium (und die Universität) wichtiger Teil der Stadtentwicklung seien, um tüchtige Bürger und deren Kinder in der Stadt zu halten (Wimpfeling 1991). Vorsichtig bestritt er zugleich eine Konkurrenzsituation mit den älteren kirchlichen Einrichtungen. Die Lehrer an Lateinschulen benötigten noch keinen Universitätsabschluss. Sie mussten Rhetorik, Latein und Geschichte beherrschen, einen moralisch einwandfreien Lebenswandel führen und sollten ihre Schüler nicht schlagen. Schulgebühren waren üblich.

Die *Renaissance,* die „Wiedergeburt" der antiken Wissenschaft und Kunst im Geiste des Menschenbildes des *Humanismus,* ersetzte religiöse Schultexte durch lateinische Klassiker, Grammatik und Rhetorik. Latein unterschied weiterhin die oberen von den niederen Klassen. Der Abschluss der Lateinschule (in England „grammar school", in Frankreich „lycée") wurde wichtiger für den Übergang in die Universitäten, für gesellschaftliche Distinktion und weltliche Erfolge. Der Schulbesuch war in Europa unterschiedlich verbreitet. Grendler schätzt ihn am Beispiel von Venedig, Florenz, Cuenza (Spanien), Polen, England und

Deutschland auf rund dreißig Prozent bei Jungen, aber auf nur ein Prozent bei Mädchen (Grendler 2001, S. 329 f.).

Auch die *Reformation* sah Bildung als öffentliches normatives Gut des Staates mit protestantischen Schulen und Universitäten im Mittelpunkt (Grendler 2001, S. 333). Der Übergang von den niederen zu den höheren Schulen und zur Universitätsbildung sollte begrenzt und Bildung auf allen Ebenen von Stadt oder Staat strikter überwacht werden. Die Vorstellung gesetzlich geregelter öffentlicher Bildung blieb jedoch weithin Utopie, nicht nur in den protestantischen Staaten Europas, sondern auch in den katholischen Staaten Spanien und Frankreich, in denen Bildung an Schulen und Universitäten ebenfalls unter starkem Einfluss der Kirche stand, insbesondere der Jesuiten („Societas Jesu").

Die Reformation brachte einen massiv erneuerten Einfluss von Religion auf Staat und Bildungspolitik (Hammerstein 1996). Luthers Schreiben von 1520 an den Kaiser, betitelt „An den christlichen Adel deutscher Nation [...]", präsentiert ein fundamental religiöses Verständnis von Gesellschaft, Staat und Bildung. „Dan got mag und wils nit leyden, das ein gut Werck werde angefangen in Vortrawen eygener macht und vornunfft."[5] (Luther 1995, S. 101) Alle Werke ruhen in Gott. Für viele Übel der Welt macht er den Papst verantwortlich, ist doch alles, was das Papsttum eingesetzt hat, auf die Vermehrung von Sünde und Irrtum ausgerichtet. Aber auch die (kapitalistische) Geld- und Kreditwirtschaft[6] und die aus den neuen Kolonien importierten Luxusgüter wie Gold, Gewürze und kostbare Stoffe verderben die Welt. Als Abhilfe empfiehlt er die Reformation auch des Bildungswesens. „Fur allen dinngen solt in den hohen unnd nydern schulen die furnehmst und gemeynest lection sein die heylig

---

[5] Gott mag es nicht leiden, dass ein gutes Werk im Vertrauen auf die eigene Macht und Vernunft begonnen werde. (Übersetzung AW).
[6] Exemplarisch dafür die Fugger: Kaufleute, Unternehmer, Händler, Bankiers.

schrifft unnd, den jungen knaben das Evangely."⁷ (Luther 1995, S. 163) Mädchen soll einmal täglich das Evangelium vermittelt werden. Bisher führte man an den Universitäten und Gymnasien ein freies Leben, anstatt die Heilige Schrift zu lehren und zu lesen. Es regierte der heidnische Meister Aristoteles mit seinen Schriften über die Natur. Seine Bücher (und die vieler anderer Autoren) sind zu beseitigen, damit dieser verdammte tote Heide nicht weiterhin die Christen verführe. „Es musz vorterbenn allis, was nit gottis wort on unterlasz treybt."⁸ (Luther 1995, S. 164)

Andere Akzente setzt Philipp Melanchthon, Professor und Rektor an der Universität Wittenberg („Leucorea"), in Wissenschaft, Hochschul- und Schulpolitik vielfältig aktiv. In seiner „Rede über die Würde der Gesetze" von 1543 geht es um den Schutz des deutschen Rechts vor der türkischen Barbarei, die keine Gesetze kenne, sondern allein Willkür, wie sie mit einem Wink dem jeweiligen türkischen Tyrannen gefällt (Melanchthon 1995, S. 177). Die Christen sollen zu Gott beten, dass er Frieden geben möge, der die weltlichen europäischen Wissenschaften und Studien schütze, so Melanchthon. Die Türken wüten ungestraft, weil Deutschland nicht verteidigt wird. Stattdessen führe es einen grausamen inneren Krieg. Das ist die Strafe Gottes: „Oder glaubt Ihr etwa, daß die Welt zufällig der barbarischen Tyrannei der Türken unterworfen ist, wie es Vergleichbares niemals vorher gab?" (Melanchthon 1995, S. 191)

Gegen Ende des Jahrhunderts (1570) rekapituliert Lazarus von Schwendi (1995) ebenfalls in einem Schreiben an den Kaiser „Diskurs und Bedenken ueber den Zustand des hl. Reiches […]". Schwendi sieht Deutschland wie Italien, Frankreich und England aus dem römischen Reich hervorgegangen, jedoch

---

⁷ Vor allen Dingen soll in den hohen und niederen Schulen die Heilige Schrift die vornehmste und alltäglichste Lektüre sein und für den jungen Knaben das Evangelium. (Übersetzung AW).
⁸ Alles, was nicht Gottes Wort ohne Unterlass treibt, muss verderben. (Übersetzung AW).

verfallen durch innere Kriege, Abspaltungen und äußere Feinde. Als solche benennt er Polen, Ungarn, Dänemark, die Niederlande und das Italien des Papstes, vor allem aber Frankreich, das sich immer weiter auf Kosten Deutschlands vergrößere. Das Kaisertum sei nur noch Titel und Ehre, die Landesfürsten schließen sogar Bündnisse untereinander gegen das Reich und verbünden sich mit dessen äußeren Feinden. Das Reich brauche dringende Neuerungen, so ein oberstes Gericht (Reichskammergericht) und eine Kreisverfassung mit nur noch zehn Kreisen, die die bestehenden Länder (Territorialstaaten) übergreifen. Die neuen Kreise sollen die Grundlage von Infrastruktur, Festungsbau und stehendem Heer werden. Frankreich ist das Vorbild.

Doch statt der Reform kam der Dreißigjährige Krieg mit der endgültigen Souveränität der Territorialstaaten, mit großflächiger Vernichtung von Mensch und Zivilisation, mit weiträumigen Annexionen durch Frankreich und Schweden. Andreas Gryphius klagt 1636:

> Wir sind doch nunmehr gantz/ja mehr denn gantz verheeret!
>   Der frechen Völcker Schaar/die rasende Posaun.
>   Das vom Blutt fette Schwerdt/die donnernde Carthaun/
>   Hat aller Schweiß/und Fleiß/und Vorrath auffgezehret.
>   Die Türme stehn in Glutt/die Kirch ist umgekehret.
>   Das Rathauß ligt im Grauß/die Starcken sind zerhaun/
>   Die Jungfern sind geschänd't/und wo wir hin nur schaun.
>   Ist Feuer/Pest/und Tod/der Hertz und Geist durchfähret.
>   Hir durch die Schantz und Stadt/rinnt allzeit frisches Blutt.
>   Dreymal sind schon sechs Jahr/als unser Ströme Flutt/
>   Von Leichen fast verstopfft/sich langsam fort gedrungen.
>   Doch schweig ich noch von dem/was ärger als der Tod/
>   Was grimmer denn die Pest/und Glutt und Hungersnoth/
>   Das auch der Seelen Schatz/so vilen abgezwungen. (Gryphius 1968, S. 7)

3.2 Aufklärung und Territorialstaaten

Der Aufbau souveräner Territorialstaaten nach dem Dreißigjährigen Krieg[9] ist eng mit der Zentralisierung der Verwaltung, dem Wachsen der Beamtenschaft, der Förderung von Handel und Wirtschaft (Merkantilismus), mit dem Ausbau der Infrastruktur, der Einrichtung stehender[10] Heere, mit dem immerwährenden Reichstag, dem kaiserlichen Reichsgericht, dem Reichskammergericht und mit der wachsenden Rolle der Bildung verbunden.

Erziehung, Bildung, Wissenschaft und öffentliche Vernunft gelten in der Zeit der *Aufklärung* als bonum commune, als öffentliches Gut, für das der Staat Verantwortung trägt – vor Familien, Kirche und Städten. Die Struktur der Bildungspolitik und Bildung ist, wie fast alles im Reich, polyzentrisch, geprägt vor allem von zwei deutschen Großmächten, Preußen und Österreich, einigen mittleren Ländern (Bayern; Sachsen) und zahllosen kleinen und kleinsten Territorialstaaten. Die ungebildete, multireligiöse und multikulturelle Bevölkerung soll zu einem loyalen und produktiven Staatsvolk werden, integriert durch eine einheitliche Religion. Die religiöse Ordnung richtet sich nach dem Grundsatz „cuius regio, eius religio": Dem jeweiligen Herrscher kommt das Recht zu, die Religion für alles Volk in seinem Land festzulegen, entsprechend den Regelungen im Augsburger Religionsfrieden 1555 und im Westfälischen Frieden 1648. Weitere Ziele sind Alphabetisierung, gemeinsame Sprache, elementare Rechenkünste. Ein wichtiges Instrument dafür, diese Ziele zu erreichen, ist die staatliche Bildungspolitik, Staatsbildung durch Bildung. Grundschulen sollen gebührenfrei sein, Lehrer sollen professionell ausgebildet und auch nur als Lehrer eingesetzt werden, nicht als Dienstleister für viele

---

[9] Basierend auf dem 1648 in Münster und Osnabrück geschlossenen Westfälischen Frieden.
[10] Stehendes Heer: Ein immer einsetzbares Heer.

weitere Zwecke. Es dominieren zunehmend bürgerliche Werte wie Sicherheit, Wohlfahrt, Glückseligkeit und „Industriosität" (Stollberg-Rilinger 2005, S. 11).

Für die aufklärerischen bildungspolitischen Vorstellungen ist Seckendorffs (1991) Verfassungsentwurf von 1656 mit seinen ausführlichen Abhandlungen über die Aufgaben des Staates auf dem Feld der Bildungspolitik ein schönes Beispiel.[11] Seckendorff ist sich bewusst, dass sein Verfassungsentwurf einen idealen deutschen Staat konzipiert, den es in der Realität nicht gibt. Er kennt die Verbrechen und Laster der Politik und Staaten, und er zitiert deshalb zu Anfang zustimmend den römischen Dichter Juvenal[12] mit dessen zynischem Ausspruch angesichts der Absurditäten der Welt: „Difficile est satiram non scribere" (Juvenal 1969, S. 14) – es ist schwierig, keine Satire zu schreiben.

Seckendorff unterscheidet vier Schulstufen. Die *Elementarschule* beginnt mit fünf Jahren und ist überall einzurichten. Eltern sind verpflichtet, ihre Kinder zur Schule zu schicken, damit sie gute Bürger werden. Der Lehrstoff besteht aus religiöser Erziehung, Lesen, Schreiben, praktischen Fertigkeiten. Elementarschullehrer benötigen nach wie vor keinen Universitätsabschluss. Für die Supervision der Examina, der Lehre, Gebäude und Finanzen sind der Schulvorstand und der Superintendent von Stadt oder Staat zuständig.

Lateinschulen haben eine Unter- und Oberstufe. Die *Unterstufe* gibt es in allen Städten. Sie bietet Latein, etwas Griechisch und Hebräisch sowie die Ausbildung praktischer Fertigkeiten an. Die Schule gliedert sich in Klassen, die nacheinander erfolgreich durchlaufen werden müssen. Schulleitung und Schulinspektoren

---

[11] Der Verfassungsentwurf beginnt mit einer Beschreibung der nach dem Dreißigjährigen Krieg desolaten deutschen Zustände und arbeitet ein Musterfürstentum aus. Doch Seckendorff weiß, dass nach dieser Verfassung „vielleicht wenig oder keine Laender in Teutschland Regieret werden" (1995, S. 245).
[12] Römischer Autor im 1. Jahrhundert.

sollen begabte Kinder aus unteren Schichten und deren Eltern ermutigen, die Lateinschule zu besuchen und durchzuhalten bis zum Abschluss. Stipendien und Schulgelderlass sind möglich. Die Schulen sollen eine zivilisierte und tüchtige Bevölkerung erziehen, die in Berufen, Professionen, öffentlichem Dienst und Hauswirtschaft als Lehrer, Ärzte, Gerichts- und Ratsangestellte oder Haushälter tüchtig sind. Die *Oberstufe* der Lateinschule heißt Gymnasium. Es gibt sie nur in größeren Zentren. Der Lehrstoff besteht aus Rhetorik, Logik, Physik, Mathematik, Geschichte und klassischer Dichtung. Ein Generalsuperintendent überwacht die Gymnasien. Er entscheidet auch in letzter Instanz darüber, ob begabte Schüler aus unteren sozialen Ständen relegiert werden dürfen.

Die *Universität* ist die oberste Bildungsstufe. Sie hat nach wie vor vier Fakultäten – Theologie, Recht, Medizin, Künste (artes) – und bietet als Abschlüsse den Baccalaureus, den Magister, das Lizenziat und das Doktorat. Die Einschreibung setzt den erfolgreichen Abschluss des Gymnasiums voraus. Ein Auslandsstudium wird empfohlen. Stipendien und Schulgeldbefreiung für bedürftige Schüler und Studenten sind möglich, zu finanzieren aus öffentlichen Mitteln und zu verteilen über den Oeconomicus der Universität oder das Amt des Superintendenten. Der aus dem Kreis der Professoren gewählte Dekan steht der Fakultät vor, der ebenfalls aus dem Kreis der Professoren gewählte Rektor der Universität. Seckendorff betont die hohe Nachfrage nach Absolventen aller Fachrichtungen, die als gebildete, tüchtige, zivilisierte Bürger aller Stände gebraucht werden. Insbesondere ist die Nachfrage aus den Schulen, der öffentlichen Verwaltung, den Gerichten, den Professionen und den Kirchen hoch. Die besten Absolventen sollen die besten Positionen erhalten.

In Preußen wird 1756 die professionelle Universitätsausbildung der Lehrer Pflicht, Frankreich folgt 1820, England 1840. „Both Prussia and France were leaders in education." (Grendler

2001, S. 338) Mit der Professionalisierung der Lehrerschaft entsteht eine breite Möglichkeit des sozialen Aufstiegs in den Mittelschichten. Die Verbesserung der Lage der Lehrer geht mit dem Ausbau der staatlich finanzierten oder zumindest geregelten und beaufsichtigten Schulversorgung einher, die ihrerseits wiederum in Zusammenhang steht mit Bevölkerungswachstum, staatlicher Wirtschaftsförderung sowie mit der Abwehr politischer Unruhen und sozialer Zusammenstöße. Schulpolitik dient der Integration, der sozialen Ordnung der Gesellschaft (Seregny 2001).

Im 18. Jahrhundert gab es im Deutschen Reich 22 protestantische und 18 katholische Universitäten, mehr als in allen anderen Ländern Europas zusammen, Ausweis selbstbewusster Territorialstaatspolitik (Hammerstein 2005, S. 370). Lehrbücher sind nicht mehr kanonisiert, sondern werden von Professoren selbst geschrieben. Deutsch wird gleichrangige Sprache neben Latein. Einen guten Ruf erwerben sich die Neugründungen Göttingen, Halle, Leipzig und Jena. Landeskinder werden immer noch fast überall bevorzugt zum Studium zugelassen. Aber die Unterscheidung zwischen Katholiken und Protestanten bei der Einschreibung entfällt schrittweise, ab 1782 können sich auch Juden immatrikulieren.

Juristen, jus camerale und Polizeiwissenschaft (Politikwissenschaft), dominieren die Universität. Als angehende Staatsdiener stellen Juristen fast fünfzig Prozent der Studentenschaft. Im preußischen Edikt vom 20. Dezember 1722 heißt es, dass die Beamten nach Leistung auszuwählen sind (Clark 2006, S. 11). Das zwingt auch Sprösslinge des Adels zum Studium, die zusammen mit den Kindern aus dem akademischen Bürgertum die große Mehrheit der Studenten stellen (Hammerstein 2005, S. 388). „The impulsion behind reform came from the emerging territorial monarchies, Austria, Prussia, Spain, and Sweden, which utilised the university for the training of state officials by endowing them with a monopoly over examinations leading to administrative posts." (Day 2001, S. 355)

Gleichzeitig jedoch findet der Fortschritt der Naturwissenschaften, der Optik, der Mathematik und Statistik außerhalb der Universitäten an neuen Institutionen statt. Der Staat reagiert auf Qualitätsverfall und abnehmende Einschreibungen an den Universitäten. Frankreich wertet schon im vorrevolutionären ancien régime und dann unter Napoleon den Rang der Universitäten radikal ab und setzt „grandes écoles" an die Spitze der Bildungshierarchie mit bis heute nachhaltiger Wirkung (Chartier et al. 1976). Die Bildungsverwaltung wird auf allen Ebenen zentralisiert. Diese Änderungen dienen primär der Unterordnung des Bildungssystems unter staatliche Interessen, vor allem unter das Ziel, geeignete und botmäßige öffentliche Bedienstete heranzuziehen. Einige Staaten, so Spanien, folgen dem französischen Vorbild, andere, wie Preußen, schlagen einen eigenen Weg ein. Preußen erlaubt mehr Autonomie und stattet die Universitäten mit dem Monopol über die Examina aus, deren Erwerb die Voraussetzung für die Zulassung zum höheren öffentlichen Dienst ist (Day 2001).

Die Qualifikationsanforderungen an Lehrer und Professoren, die Curricula und Prüfungen der Lernenden, die Organisationsformen von Schulen und Hochschulen sind Ende des 18. Jahrhunderts in den fortgeschrittenen Ländern Europas rechtlich geregelt, beaufsichtigt und finanziert. Bildungspolitik ist selbstverständliche und unbestrittene Prärogative, Vorrecht des jeweiligen Staates. Es spielen dieselben politischen Ziele die entscheidende Rolle: Gewinnung und Erhalt politischer Loyalität der Bevölkerung, Förderung wirtschaftlichen Wachstums und Wohlstands sowie soziale, kulturelle und religiöse Integration.

Neben Schulen und Hochschulen kommt auch dem *Sozialwesen* bereits eine bildungspolitische Rolle zu. Bettelei wird verboten. Stattdessen sollen die Armenanstalten ihre Klientel nicht nur versorgen, sondern auch erziehen und bilden. Das gilt vor allem für Kinder und Jugendliche, aber auch für Arme aus dem Ausland, die häufig die Mehrheit der örtlichen Armen stellen (Albrecht 2005, S. 426 ff.). Schulgeldfreiheit und auch die Zahlung von Tagegeld für Schulbesuch sollen Arme von Kinderarbeit abhalten und den Schulbesuch attraktiver machen (S. 437).

An der Spitze der Bildungshierarchie wächst die Bedeutung der *Universitäten* für Wissenschaft, Wirtschaft und Staat weiter. „European universities successfully provided advanced education, fostered research, and contributed to the development of the nation-state." (Day 2001, S. 357) Die Rolle des Bildungsstaates – wie des Staates insgesamt – gegenüber den Belangen von Bürgern und Zivilgesellschaft hat ein schon sehr modernes Ausmaß erreicht. Wilhelm von Humboldt fragt deshalb 1792/1793 besorgt nach den wirklich unverzichtbaren Zwecken der vielen Staatsaktivitäten und Einrichtungen. Die Staatsexpansion gehe auf Kosten der Freiheit von Bürgern und Gesellschaft, wobei die negativen Folgen nicht zuletzt die Bildung beträfen, so sein Argument.

Je mehr der Einfluss des Staates zunimmt, desto ähnlicher werden die Ergebnisse, schreibt Humboldt. Der Bürger wird zum Untertan gemacht. Wer solche Politik betreibt, „den hat man, und nicht mit Unrecht, in Verdacht, daß er die Menschheit mißkennt und aus Menschen Maschinen machen will" (Humboldt 1967, S. 31). Der moderne Staat kümmere sich nicht nur um die innere und äußere Sicherheit der Bürger, sondern auch um deren Wohlstand, Eigentum, Erwerb mit immer neuen Gesetzen und Institutionen. Er verfolge die Absicht, für den Bürger und sein Wohl allumfassend zu sorgen, er gibt sogar dessen Privatleben, Glückseligkeit und Ideen die von ihm gewünschte Form, vernachlässigt jedoch gleichzeitig seine Kernaufgaben in Sicherheit und Infrastruktur.

Mit dieser Entwicklung unterdrücken moderne Staaten persönliche Tatkraft, Selbständigkeit, Verantwortung, Mannigfaltigkeit und Kreativität ihrer Bürger. Der Geist der Regierung

3 Aufstieg. Christentum, Städte, Reich und Bildungspolitik

herrscht in jeder Einrichtung und bringt Einförmigkeit hervor. Der Staat gewöhnt die Bürger an Belehrungen und an immer mehr staatliche Leistungen und verführt sie dadurch zum Betrug am Staat (Humboldt 1967, S. 31–35)[13]. Zur Erfüllung seiner immer weiter expandierenden Ziele erhebt der Staat immer höhere Steuern und Abgaben, erlässt immer neue Gesetze, er schafft Staatsbetriebe[14] und vergrößert fortlaufend die Zahl seiner Beamten. Das Besorgen der Staatsgeschäfte wird zum Selbstzweck der Staatsdiener, die sich mit der Erfindung neuer Staatsgeschäfte vor allem selbst bedienen. Doch unter den Staatsrechtslehrern sei es leider kaum noch umstritten, dass der Staat die gesamte physische und moralische Wohlfahrt der Bürger in seine Regie nehmen dürfe oder sogar solle.

Besonders fatal ist aus Humboldts Sicht die Verstaatlichung der Bildung. „Der wahre Zweck des Menschen […] ist die höchste und proportionierlichste Bildung seiner Kräfte zu einem Ganzen. Zu dieser Bildung ist Freiheit die erste und unerläßliche Bedingung." (Humboldt 1967, S. 22) „Jede öffentliche Erziehung aber, da immer der Geist der Regierung in ihr herrscht, gibt den Menschen eine (einheitliche) […] Form." (S. 71) Staatliche Bildung uniformiert den Bürger. Erhält die ganze Nation eine einheitliche staatliche Erziehung, dann fehlt es an der nötigen kreativen Vielfalt der gesellschaftlichen Kräfte. „Öffentliche Erziehung scheint mir daher ganz außerhalb der Schranken zu liegen, in welchen der Staat seine Wirksamkeit halten muß." (S. 74)

---

[13] Interessant ist der Vergleich mit Tocquevilles 1835/1840 verfassten kritischen Anmerkungen zu der in seinen Augen ebenfalls Gleichförmigkeit hervorbringenden Demokratie in Amerika (Tocqueville 1985).
[14] Humboldt unterscheidet zwischen Staats- und Nationalanstalten (1967, S. 54). Mit letzteren sind öffentlich-rechtliche Einrichtungen gemeint. Er gibt ihnen in der Regel den Vorzug.

Das Spannungsverhältnis zwischen Bildung als universalem Bürgerrecht, Bildung als individuellem Glücks- und Erfolgsstreben sowie Bildung im ausgreifenden Staatsinteresse an Wirtschaftsförderung, politischer Loyalität, sozialer und kultureller Integration ist in Humboldts staatskritischer Streitschrift schon sehr präsent.

4
Blütezeit. Nationalstaaten, Imperien, Wohlfahrtsstaaten

(1) Jeder Mensch hat das Recht auf Bildung. Der Unterricht muss wenigstens in der Elementar- und Grundschule unentgeltlich sein. Der Elementarunterricht ist obligatorisch. Fachlicher und beruflicher Unterricht soll allgemein zugänglich sein; die höheren Studien sollen allen nach Maßgaben ihrer Fähigkeiten und Leistung in gleicher Weise offen stehen.
(2) Die Ausbildung soll die volle Entfaltung der menschlichen Persönlichkeit und die Stärkung der Achtung der Menschenrechte und Grundfreiheiten zum Ziel haben. Sie soll Verständnis, Toleranz und Freundschaft zwischen allen Völkern und allen ethnischen oder religiösen Gruppen fördern und die Tätigkeit der Vereinten Nationen zur Aufrechterhaltung des Friedens begünstigen.
(3) In erster Linie haben die Eltern das Recht, die Art der ihren Kindern zuteilwerdenden Bildung zu bestimmen.[1]

Im Jahre 1809 wurde Humboldt Direktor der Sektion für Kultus und Unterricht im preußischen Innenministerium[2]. Er publizierte zwei einflussreiche Papiere: Einen Bericht der Sektion an den Kaiser und einen Vorschlag zur Organisation der höheren wis-

---
[1] Artikel 26 der „Allgemeinen Erklärung der Menschenrechte" vom 10. 12. 1948 zitiert nach „Deutsche Unesco Kommission" http://unesco.de/wissenschaft/menschenrechte/mr-zustaendigkeiten/recht-auf-bildung.html). Zugegriffen 15. August 2015.
[2] Die Position entspricht dem des heutigen Bildungs- und Kultusministers.

senschaftlichen Anstalten in Berlin (Humboldt 1964a, b). Humboldt plädierte für wissenschaftliche Bildung an den Universitäten anstelle des Auswendiglernens, für die Einheit von Forschung und Lehre und die Gemeinschaft („universitas") von Lehrenden und Lernenden (Henningsen et al 2013; Tenorth und McClelland 2012). Humboldts Universitätsmodell begründete für lange Zeit das internationale Ansehen der deutschen Universitäten. Es übte auch einen erheblichen Einfluss auf englische, französische, amerikanische und andere Universitäten aus. Gleichzeitig blieben überall nationale Traditionen stark (Clark 2006).

4.1 Nationalstaatliche Bildungsinklusion

Der Nationalstaat des 19. Jahrhunderts drängte die Macht des Adels, der Kirchen, Religionen, Regionen, Städte und Familien zurück. Er ermöglichte eine effektivere zentrale Regierung und Verwaltung, förderte eine nationale Ökonomie, galt als Garant von Zivilisation, Fortschritt und Sicherheit, als angemessene Form der modernen Gesellschaft (Jeismann und Lundgreen 1987). Demokratie, allgemeine und gleiche Bürgerrechte, inklusive öffentliche Kommunikation und nationale Bildungspolitik mit Schulpflicht und Bildung aller Klassen kamen voran. Bildungspolitik, vor allem der bessere Zugang der unteren Klassen, Schichten und Stände zur Sekundarbildung, spielte eine immer größere Rolle als Humankapitalinvestition in der Industrialisierung, begünstigte demokratische Partizipation, verbreiterte die massenmediale Öffentlichkeit und stärkte sozialpolitische Forderungen (Berg 1991; Berg und Herrmann 1991; Swaan 1993, S. 67–133; Wimmer und Feinstein 2010). „As the national governments of England, France, Germany, Italy, the Netherlands, Russia, Spain and Austria-Hungary grew stronger, they expanded centralized, compulsory, lay-state education." (Grendler 2001, S. 339) Am Ende des 19. Jahrhunderts gab es in den fortgeschrittenen europäischen Ländern einen Rechtsanspruch auf Bildung. Bildung war als erprobtes Instrument zur Förderung von Wirtschaftswachstum, Wohlstand, sozialer Sicherheit und kultureller Integration unumstritten. Die Entwicklung des Bildungsstaates erreichte ihren Höhepunkt.[3]

In Deutschland stiegen im 19. Jahrhundert Bildungsversorgung und Bildungsbeteiligung stark an. Das im Jahre 1794 verabschiedete *Allgemeine Preußische Landrecht* bestimmte bereits: „Schulen und Universitäten sind Veranstaltungen des Staates […], welche den Unterricht der Jugend in nützlichen Kenntnissen und Wissenschaften zur Absicht haben." (Herrmann 2005, S. 547) Die Schulpflicht war in den Ländern des Reichs – im Vergleich zu anderen europäischen Staaten – früh eingeführt worden, in Preußen 1717[4], wobei man auf eine bis in das Mittelalter zurückreichende Tradition öffentlicher Schulen zurückgreifen konnte. Trotz gesetzlicher Schulpflicht dauerte es aber mehr als ein Jahrhundert, bis ein (nahezu) hundertprozentiger Schulbesuch auch der Kinder armer Bauernfamilien und des wachsenden städtischen Proletariats selbstverständliche Alltagspraxis war (Albrecht 2005; Lamberti 1989). Das dreistufige Bildungssystem mit Volksschulen, Gymnasien und Universitäten blieb Standard nicht nur in Deutschland, sondern auch in anderen europäischen Ländern. Weiterhin besuchte nur eine kleine Minderheit jedes Jahrgangs die Gymnasien und Universitäten. In Deutschland wurde das Abitur durch gesetzliche Regelung 1788 und mit der

---

[3] Gleichzeitig nährte der Nationalstaat Nationalismus, Ethno-Symbolismus, politischen Messianismus (Anderson 2005; Gellner 1983; Green 2013; Hechter 2000; Hobsbawm 1996; Kocka 2001; Kunovich 2009; Lenger 2003; Smith 1998, 2003; Tilly 1995).
[4] *Principia regulativa* König Friedrich Wilhelm I. vom 28. September 1717; *Generallandschulreglement* Friedrichs des Großen von 1763. Zur Entwicklung der Bildung und Bildungspolitik in den nicht-preußischen Ländern des Deutschen Bundes siehe Green 2001.

Gesetzesnovelle von 1812 (Ringer 1979, S. 54) der einzige Zugang zur Universität (Albisetti 1983).

Auch in Frankreich hingen die örtliche Verfügbarkeit der Schulen und die Schulbesuchsrate eng zusammen. Das *Guizot-Gesetz* von 1833 bestimmte, dass jedes Département Grundschulen einzurichten hat, führte jedoch keine Schulpflicht ein. Durch das Gesetz wurde die Schulversorgung über die Jahrzehnte besser. Sie stieg im Mittel von 0,69 Schulen pro 1000 Einwohner im Jahre 1813 auf 1,51 Schulen im Jahre 1906 an. Allerdings blieben die regionalen Unterschiede in der Schulversorgung der Départements – mit einem Minimum von 0,5 und einem Maximum von 3,0 Schulen je 1000 Einwohner – trotz des französischen Zentralstaates groß (Grew und Harrigan 1992, S. 36 und S. 58). Obwohl das *Guizot-Gesetz* keine Schulpflicht einführte, nahm der Schulbesuch zu und wurde regelmäßiger, auch zur Erntezeit. Die Alphabetisierungsrate stieg – wie in Deutschland – auf nahezu hundert Prozent an. Der Übergang auf das Gymnasium („lycée") wurde abhängig vom erfolgreichen Abschluss der Grundschule, das Abitur („baccalauréat") wiederum wurde Voraussetzung für die Aufnahme an einer Universität (Chartier et al. 1976, S. 33). Die Bildungsrate von Mädchen folgte der der Jungen (Grew und Harrigan 1992) unter starker Mitwirkung katholischer Schulen. Die Finanzierungsbasis der Schulen wandelte sich von Gebühren über örtliche Zuschüsse aus Steuermitteln hin zur staatlichen Vollfinanzierung. Qualifikation, Professionalisierung und Einkommen der Lehrer verbesserten sich und ihre Dienstleistungspflicht wurde auf die Lehrtätigkeit beschränkt. Das machte den Lehrerberuf im Rahmen des öffentlichen Dienstes attraktiver. Der Beruf des Lehrers wurde ein Aufstiegsziel auch für Frauen.

In Deutschland und Frankreich wurde die Verbesserung der Grundschulen, Gymnasien und Hochschulen vor allem von staatlicher Seite vorangetrieben. Und in beiden Ländern diente die Expansion der höheren Bildung nicht zuletzt der Befriedigung der Nachfrage des öffentlichen Dienstes von Seiten des Staates, der Länder und Départements, der Städte und Kreise. Bildungsmeritokratie, die Besetzung von Posten nach erworbenen Bildungsabschlüssen[5], ersetzte mehr denn je die älteren Kriterien ererbter Standeszugehörigkeit und Privilegien[6]. Neue Schultypen mit neusprachlichem und naturwissenschaftlichem Schwerpunkt konkurrierten mit dem altehrwürdigen humanistischen Gymnasium, neue Hochschulen angewandter Wissenschaft konkurrierten mit der klassischen Universität. Beides erweiterte die Zugänge zu den Karrierewegen der Bildungseliten, weshalb es anhaltenden Widerstand von Seiten der alten höheren Fakultäten gegen die relative Abwertung der von ihnen vergebenen Bildungspatente gab.

Ende des 19. Jahrhunderts stagnierten an den Universitäten die Einschreibungen in die alten höheren Studien Theologie, Jura und Medizin, während die Einschreibungen in den Natur- und Ingenieurwissenschaften, aber auch in den Humanwissenschaften weiter anstiegen. Das fügte sich gut in die Absicht Frankreichs und Deutschlands, internationale Wettbewerbsfähigkeit und Wohlstand durch neue Hochschulen, Fächer und Fakultäten zu fördern. Deren Ausbau setzte sich durch das gesamte Jahrhundert hindurch fort, begleitet von immer neuen Verwerfungen zwischen Bildungsangebot und Bildungsnachfrage, von Expansions- und Stagnationszyklen in Wirtschaft und Arbeitsmarkt und von damit einhergehenden politischen Krisen. Krisenhafte Bildungs- und Arbeitsmarktzyklen[7] sind seit 1780 ein politisch

---

[5] Das preußische Edikt vom 20. Dezember 1722 regelte bereits, dass die Beamten nach Leistung auszuwählen sind (Clark 2006, S. 11).
[6] Privilegium: lateinisch für Privatrecht, Ausnahmegesetz, Vorrecht.
[7] Bildungszyklen wurden von einigen Bildungsökonomen als Kondratjew Zyklen beschrieben, benannt nach dem russischen Ökonomen Kondratjew (auch Kondratieff), der einen Wirtschaftszyklus von 54 Jahren behauptete (Tietze 2004). Vergleiche auch Schumpeters Theorie wirtschaftlicher Zyklen und Innovationen (Schumpeter 1939).

und wissenschaftlich bekanntes und ungelöstes Problem (Tietze 1990, 2004).

Trotz zunehmend meritokratischer Regelungen und immer vielfältigerer Bildungsoptionen blieb der Einfluss des Human- und Sozialkapitals der höheren Stände und Klassen auf Bildungsmotivation, Habitus, Persönlichkeit, Institutions- und Fächerwahl des Nachwuchses und damit auf dessen Karriereverlauf und Anteil an weltlichen Gütern bis heute stark (Bourdieu[8] 1982). „No other set of institutions has been as centrally concerned as the educational system with the perpetuation of the cultural heritage." (Ringer 1979, S. 9) Für *Deutschland* und *Frankreich* zeigen Statistiken den fortdauernd geringen Anteil derjenigen Schüler an den Jahrgangskohorten, die an weiterführende Gymnasien und Universitäten gingen. Bis zur Jahrhundertwende blieb der Anteil der Gymnasialschüler und Studenten an den Geburtskohorten in beiden Ländern unter 5 % eines jeden Jahrgangs. Erst mit Beginn des 20. Jahrhunderts stiegen die Übergangszahlen in Europa langsam, nach dem Zweiten Weltkrieg dann schnell an (Ringer 1979, S. 152 und S. 168; vgl. Müller et al. 1989).

Für *England* zeigen die Statistiken denselben hochselektiven Zugang zu Schulen und Universitäten. Wie in anderen europäischen Ländern auch, war die Zahl der Schüler und Studierenden in „public schools" und Universitäten über Jahrhunderte sehr gering. Nach 1800 stiegen die Zahlen an, blieben aber das ganze 19. Jahrhundert hindurch niedrig. In England erreichten die Studentenzahlen im Jahre 1960, also schon weit im 20. Jahrhundert, nicht mehr als 6 % eines Jahrgangs (Green 2013; Lawson und Silver 1973; Ringer 1979, S. 229). Im Laufe des

---

[8] Bourdieu wird hier wegen seiner seit Jahrzehnten außerordentlichen Popularität stellvertretend für die enorme Fülle der Forschungen zum Zusammenhang von Bildung und sozialer Ungleichheit genannt. Becker und Lauterbach (2004) geben einen Forschungsüberblick. Münch (2015) und Allmendinger (2015) diskutieren strittige Zusammenhänge zwischen Bildungsexpansion und Ungleichheitsentwicklung; Siehe Mau und Schöneck 2015.

19. Jahrhunderts änderte sich jedoch die Zusammensetzung der Studentenschaft. Die Zahl der Studierenden aus adligen Großgrundbesitzerfamilien und aus Kirchenkreisen sank, während der Anteil der Studierenden aus Familien mit professionellem und unternehmerischem Hintergrund anstieg. Wie in Deutschland und Frankreich spiegelt sich der Aufstieg des Bürgertums nicht zuletzt im Besuch der höheren Bildungsinstitutionen wider, in denen die Kinder aus älteren Eliten wie dem Adel und dem Klerus zahlenmäßig in den Hintergrund traten.

Bildungsexpansion und Anhebung des Bildungsniveaus veränderten die Sozialstruktur in Europa. Die deutschen Eliten des 19. Jahrhunderts aus dem Adel wie aus dem Bürgertum zeichneten sich zunehmend durch Universitätsbildung aus. Eine neue Klasse, das Bildungsbürgertum, erstarkte in Konkurrenz mit anderen Klassen (Lundgreen 2000). Die Einschreibungsstatistiken der Universitäten zeigen für Deutschland, dass 45 % der Studierenden aus dem akademischen Bürgertum stammten, 15 % aus der Aristokratie und die Übrigen aus dem Kleinbürgertum (Lundgreen 2006). Trotzdem begann die deutsche Universität gegen Ende des 19. Jahrhunderts zu stagnieren. Neue Forschungsfelder blühten weniger innerhalb als außerhalb der alten Universitäten auf, so in den neuen technischen Hochschulen und in extrauniversitären Institutionen wie der 1911 gegründeten Kaiser-Wilhelm-Gesellschaft, seit 1948 bekannt als Max-Planck-Gesellschaft, oder in der Physikalisch-Technische Reichsanstalt, Vorläuferin der heutigen Helmholtz-Gemeinschaft.[9]

In starkem Kontrast zu den europäischen Ländern steht die Entwicklung in den USA. Die Öffnung der höheren Schulbildung und der Universitäten begann dort weit früher als in Euro-

---

[9] Die beiden genannten und andere, später gegründete Forschungsgesellschaften wie die Fraunhofer-Gesellschaft und die Leibniz-Gemeinschaft sind führende öffentliche, aber nichtuniversitäre Forschungseinrichtungen in Deutschland.

Tab. 4.1 Schulbesuch in Ländern Europas im 19. Jahrhundert. (Prozent männlicher Schüler eines Jahrgangs im Alter von 6 bis 14 Jahren). (Quelle: Maynes 1885, S. 134; Grendler 2001, S. 339)

Land	1820	1850	1870	1900
Deutschland (Preußen)	59	81	93	97
Deutschland (Bayern)		83	84	94
Frankreich		60	88	94
England und Wales		66	88	90
Italien			34	57
Russland				29

pa. Im Jahre 1880 machten ein Prozent der Schüler das deutsche Abitur oder das französische Baccalauréat, in den USA hingegen schlossen zum gleichen Zeitpunkt bereits 10 % der Schüler erfolgreich die High-School ab. Zwanzig Jahre später, 1900, hatten sich die europäischen Zahlen nur wenig verbessert, in den USA aber war die Quote der High-School-Absolventen auf 17 % angestiegen. Noch 1950 stagnierten die europäischen Gymnasialabsolventenquoten bei 5 % eines Schülerjahrgangs, während die amerikanischen Zahlen auf 60 % gestiegen waren. Selbst die Zahl der Collegeabsolventen (vier Jahre) in den USA betrug um diese Zeit bereits 11 % (Ringer 1979, S. 252).

Es dauerte eine halbe Jahrtausend bis Lesen, Schreiben und Rechnen zur Standardkompetenz der europäischen Bevölkerung geworden waren (Tab. 4.1). Erst im Laufe des 19. Jahrhunderts wurde der Schulbesuch alltägliche Praxis aller. So betrug im Jahre 1820 in Preußen die Zahl der 6–14 jährigen Jungen, die in die Grundschule gingen, 59 %, im Jahre 1850 waren es dann schon 81 %. Diese Bildungsquote lag, da Preußen die Schulpflicht besonders früh eingeführt hatte, weit vor den zeitgleichen Schulbesuchsquoten in anderen Ländern: im Jahre 1850 belief sie sich in England auf nur 66 %, in Frankreich auf 60 % und in Schweden auf 59 %. Im Jahre 1870 hatte Deutschland insgesamt dann eine

Schulbesuchsquote von 93 % erreicht, gefolgt von Frankreich, England und Schottland mit 80 bis 90 %, Österreich mit 57 % und Italien mit 34 %. Zur Jahrhundertwende um 1900 schließlich überstiegen die Zahlen des Schulbesuchs in den fortgeschrittenen Ländern Europas 90 %. In allen anderen Ländern Europas aber lagen die Schulbesuchsquoten immer noch weit niedriger, so in Italien bei 57 % und in Russland bei nur 29 % (Grendler 2001, S. 339; Maynes 1985). Auch die Mehrheit der Bevölkerung Spaniens und Portugals war immer noch analphabetisch (Hunter 1895).

Vor einhundert Jahren war der nationale Bildungsstaat konsolidiert und auf seinem Höhepunkt angekommen. Seine politische Ökonomie spiegelt sich sehr schön in einem Hörfunkgespräch der BBC vom Februar 1927, das zwischen dem bekannten Wirtschaftswissenschaftler John Maynard Keynes, dem Industriellen Ernest Walls und dem Journalisten Ernest Benn stattfand. Das Thema war „University Men in Business". Man war sich darin einig, dass eine immer engere Verbindung von *höherer Bildung, steigenden Kapitalerträgen* und *erfolgreicher* sozialer *Integration* zu beobachten sei. Es gäbe deshalb ein gemeinsames Interesse an Bildungsfortschritten zwischen Industrie und Bürger, Kapital und Humankapital. Die Industrie benötige immer mehr gut ausgebildete Absolventen aus den Hochschulen, die als Mitarbeiter immer wieder Kreativität, Innovation, Flexibilität, Professionalität, Mehrsprachigkeit, Sinn für Diversität und Kontextsensibilität in eine prosperierende globale Ökonomie einbringen. Eine große Zahl internationaler Unternehmen suche weltweit ständig nach solchen Mitarbeitern. Ein zweiter Aspekt gemeinsamer Interessen komme hinzu. Die neuen *leitenden* Mitarbeiter seien Aufsteiger aus der Mittelschicht, nicht mehr Verwandte der Eigentümer. Sie ersetzen das überkommene System der betrieblichen Nachfolgeregelung durch Vergabe von Führungspositionen an Familie und Verwandtschaft. Die Universitätsausbildung verwandele Facharbeiter und Angestellte in

Professionelle eines zeugnisbasierten, also meritokratischen Leitungssystems. Das Ergebnis sei für beide Seiten, Arbeitnehmer und Arbeitgeber, wie für den gesellschaftlichen Frieden insgesamt sehr erfreulich: „Surely no one will deny that industrial peace would be easier of achievement if both branches of the industrial army possessed a higher degree of education." (Keynes 1981, S. 649)

Die politische Ökonomie des Bildungsstaates hat um 1900 auf nationaler Ebene ihren gefeierten Höhepunkt gefunden, jedoch noch längst nicht auf globaler Ebene. Max Weber spottet 1922: „Die Hausagrarier der Universitätsstädte feiern den tausendsten Studenten durch eine Festlichkeit, den zweitausendsten Studenten aber am liebsten durch einen Fackelzug." (Weber 1985, S. 587; vgl. zu Nation und Ökonomie Weber 1972) Auch heute feiern diese „Hausagrarier" der Universitätsstädte, deren Wirtschafts- und Finanzdezernenten zusammen mit den Marketingexperten das Wachstum ihrer Universitäten, bringt es doch gut ausgebildete junge Menschen und angehende gutverdienende Beschäftigte und Steuerzahler in die Stadt. Allerdings geht es nicht mehr um bescheidene eintausend oder zweitausend Studenten, sondern um zehntausend, zwanzigtausend, dreißigtausend oder auch mehr. Nur der Fackelzug ist aus der Mode gekommen.

4.2 Bildungspolitische Interessen europäischer Imperien

Das 19. Jahrhundert war nicht nur ein Jahrhundert der nationalen Integration und Bildungsinklusion, sondern auch der imperialen Globalisierung. Die Globalisierung begann als Kolonialisierung der Welt durch europäische Großmächte wie Spanien, Portugal, Holland, Frankreich, Russland, Belgien, Dänemark, Österreich-Ungarn, Deutschland und andere (Braudel 2011; James

2001; Mann 1998/2001; Wallerstein 2004; Walter 2014). Ökonomische Globalisierung, imperiale Macht und europäisch kultureller Universalismus stimulierten zeitgleich Übernahme, Anpassung und Widerstand. Auf der einen Seite führten ökonomische, politische und kulturelle Expansion und Hegemonie zu integrierten globalen Märkten, politischer Inklusion und weltweiter kultureller Assimilation, auf der anderen Seite aber entfachte oder stärkte genau diese Dominanz nationale Identitäten und kulturelle Abgrenzung gegen Unterwerfung, Ausbeutung und Homogenisierung (Burbank und Cooper 2010; Sassen 2006).

Die Globalisierung der Welt durch europäische Kolonialmächte hatte auch bildungspolitische Aspekte. Staatliche Bildungspolitik im globalen Maßstab für die Völker Amerikas, Europas, Indiens und Australiens war im 19. Jahrhundert bereits eine alltägliche Tatsache und ein bedeutendes politisches Thema (Middleton und Weitzman 1976). Bildungspolitik zielte auf die Verbesserung der kolonialen Verwaltung, der landwirtschaftlichen, handwerklichen und industriellen Produktivität, des Handels und der Professionen, auf die imperiale Integration der unteren wie der oberen Stände und Klassen, und insgesamt auf die Legitimierung von sozialer Ungleichheit als Ergebnis meritokratischen Wettbewerbs wie Hunter (1895) in einer vergleichenden Studie feststellt.

Die Versuche der Imperien, auf der Ebene der *Primarschulen* eine loyale Bevölkerung durch einheitliche Lehrstoffe und historische Narrative sowie kulturelle Assimilation zu formen, schlugen jedoch fehl. Mehr und bessere Schulen führten zu dem unbeabsichtigten Nebeneffekt einer Politisierung der zuvor analphabetischen oder nur minimal beschulten Bevölkerung in der geographischen und sozialen Peripherie. Auf der Ebene der *höheren Bildung* zielte Bildungspolitik auf eine stärkere Zentralisierung durch geordneten Bildungsaufstieg loyaler indigener Eliten in einen als angemessen angesehenen gesellschaftlichen Status innerhalb der imperialen Gesellschaft. Aber auch hier ermöglichten bessere Bildung und höhere Bildungsbeteiligung zugleich den Aufbau neuer Netzwerke indigener Eliten in der Peripherie und indigener Hierarchien innerhalb der imperialen Machtstrukturen. Beides stärkte die Möglichkeiten zur Opposition gegen die Eliten der imperialen Nationen.

Am 1. Oktober 1904 schrieb The Times: „In the British Empire, education policy in general, and particularly in higher education, is still in its infancy and private generosity is required." In Indien solle Bildung zur „moral and intellectual regeneration of the people" beitragen „by establishing our language, our learning and ultimately our religion". Das Ziel sei die Bildung indischer Eliten als Übersetzer zwischen den Engländern und den Millionen, die das Empire beherrscht. Das galt auch für Muslime: „It was well for India and for the Empire as a whole that [...] the Mahomedans had abandoned their traditional reserve, and had realized that in a new world a new policy of effort was required." (The Times, 3.4.1909) Ferguson formuliert das Ziel so: Großbritannien versuchte Inder zu sozialisieren, die mehr Engländer als Hindus waren, „Indian in blood and colour, but English in taste, opinions, in morals, and in intellect." (Ferguson 2003, S. 190) Aus britischer Sicht brauchte die Verwaltung des indischen Subkontinents alphabetisierte und loyale Mitarbeiter. Zugleich gab es ein starkes Interesse in den oberen Klassen an der Gymnasial- und Hochschulbildung, über die der Aufstieg in die höheren Ränge des öffentlichen Dienstes und der britischen Gesellschaft möglich war. Das Ziel britischer Bildungspolitik, Inder nach englischem Vorbild zu erschaffen, galt als Beitrag zur Sicherheit des britischen Empire und der Kontinuität britischer Herrschaft in der indischen Kolonie. „The whole and sole justification is state necessity – that is, the security of the British empire." (Ferguson 2003, S. 143)

Erziehung und Bildung der Eliten und Massen in den Territorien des Imperiums waren dort unverzichtbar, wo die Engländer selbst nur eine kleine Minderheit der Bevölkerung stellten wie in Indien. In Afrika und Australien gab es das demographische Problem nicht. Dort lebte die indigene Bevölkerung in kleinen und machtlosen Gemeinschaften, weshalb man deren Bildung vernachlässigen konnte. In Bezug auf Afrika bestürzte Dr. James Hunt auf dem Treffen der „British Association of the Advancement of Science" 1863 in Newcastle durch die Bemerkung: „The negro [is] a separate species of human being, halfway between the ape and the ‚European man'." (Ferguson 2003, S. 262) Und Sir John Gorst, Member of Parliament, war sich sicher, „that in dealing with uncivilized races the most important thing was to teach them what they ought to do" (The Times, 7.10.1905). In Australien vor allem war die indigene Bevölkerung so klein und schwach, dass kein Risiko bestand, sie könne ihre Interessen verfechten und eine Gefahr für die Kolonialmacht werden: „The aborigines have been driven back and are quickly dying out." (Ferguson 2003, S. 259) Bildungspolitische Initiativen seien in diesen Fällen von geringer Bedeutung.

Im Unterschied zur indigenen Bevölkerung zeigten sich andere europäische Kolonialisten und deren Verwaltung als ein ernsthaftes und schwer zu lösendes Problem in ihren kollidierenden Absichten, die je eigene Bildungstradition als Bildungshegemonie auch in den kolonialen Territorien fortzusetzen. Das stimulierte harte Konflikte und Feindschaft zwischen den nationalen Bevölkerungsgruppen der Kolonialmächte. Nach dem Sieg über die holländischen Buren im Krieg um die Herrschaft über Südafrika betonte die Times nachdrücklich die Ansprüche der Engländer auf Bildungshegemonie in der eroberten Kolonie: „The question of education in the new colonies in South Africa is of such paramount importance in the ultimate consolidation of our South African Empire. Vigorous attempts are made by the Dutch to hold their former reins of education as far as possible in their own hands." (The Times, 2. 1. 1904)

Um die Jahrhundertwende stiegen Deutschland und die USA zu einer ernsthaften Konkurrenz des Britischen Empire auf, nicht nur in Hinblick auf Wirtschaftsleistung, Wohlstand und Macht, sondern auch auf dem Felde kolonialer Bildungspolitik. Am 3. Juli 1909 druckte The Times den Leserbrief eines Australiers ab, in dem es um Unterschiede zwischen der deutschen und der britischen Bildungspolitik in China ging. Unter der Überschrift „Britische und deutsche Methoden" stellt der Leserbrief die Frage, weshalb die britische Regierung die Universität Hong-Kong nicht in gleicher Weise unterstütze wie die deutsche Regierung ihre Universität in Kiao-Chau? „This was the probing question put to me by a Chinese fellow passenger in the steamer from Hong-Kong to Japan", schreibt der Autor des Leserbriefs. „The Germans, though the last comers, have set to with their usual systematic thoroughness. The latest official report of the German authorities at Kiao-Chau contains instructive details concerning the high school that is about to be created there for the Chinese students. Though in name only a high school[10], its scope is even larger than that of the proposed University of Hong-Kong."

Die *Deutsch-Chinesische Hochschule* in der deutschen Kolonie Kiao-Chau verfügt über eine medizinische, eine technische, eine landwirtschaftliche, forstwirtschaftliche und Bergbaufakultät, über Fakultäten für Politische Wissenschaften, Internationales Recht, Meeresrecht, Staats- und Verwaltungsrecht, politische Ökonomie und Finanzwissenschaft, berichtet The Times. Der Artikel schließt mit dem Hinweis, dass die deutsche Regierung sich bei der Gründung von Hochschulen nicht auf private Initiativen verlassen müsse, sondern die Finanzierung aus Steuermitteln erfolge. Die britische Regierung solle das Gleiche tun, so die Empfehlung.

---

[10] Hier liegt ein Sprachproblem vor. Der Lesebriefschreiber übersetzt den deutschen Begriff „Hochschule" wörtlich mit high-school und gibt ihm damit einen falschen Sinn. Die „Deutsch-Chinesische Hochschule" (German-Chinese University of Applied Sciences) in der deutschen Kolonie Kiao-Chau öffnete am 25. Oktober 1909.

Der zitierte Leserbrief steht in starkem Kontrast zur sonstigen Berichterstattung über Chinas Bildungspolitik. Ein Beispiel dafür ist ein Artikel mit der Überschrift „The Situation in China" (The Times, 2. Januar 1904). Dieser Artikel führt aus, dass die chinesische Bildungspolitik vom Eunuchen Li-Lien-Ying und anderen alten Reaktionären geführt wird, „whose combined ignorance of all modern state affairs is colossal. As regards education there is still in great need of some provincial colleges teaching Western language. Peking University, under the Japanese, is a failure, but American missionaries are doing excellent work in their schools and colleges."

Auch Österreich-Ungarns Bildungspolitik zielte auf ein effizientes einheitliches Bildungssystem als Instrument der Modernisierung des multinationalen, multikulturellen und vielsprachigen Reiches. Bildung sollte nützliche und patriotische Untertanen erziehen, assimilierte Bürger und eine loyale imperiale Elite gewinnen durch Aufstiegsmöglichkeiten der Nationen, Ethnien, Klassen und Individuen innerhalb des Bildungssystems. Grundschulen, höhere Schulen und Hochschulen galten als ebenso zentrale Elemente des Imperiums wie die Entwicklung der Infrastruktur, der Verwaltung, der Gesetze und der Öffentlichkeit. Noch heute, so betont Puttkamer, spiegelt die Architektur der öffentlichen Gebäude der KuK-Monarchie die Ansprüche imperialer Staatlichkeit und die Versprechen einheitlicher Bildungspolitik bis in die entferntesten Winkel des österreichisch-ungarischen Reiches. Schulen und Hochschulen übermittelten überall die Idee der politischen Einheit des Reiches und das Versprechen von sozialem Fortschritt und Integration (Puttkamer 2011, S. 359).

Das Ziel, Einheit und Homogenität in einem Umfeld kultureller, religiöser, sprachlicher, ethnischer, nationaler und separatistischer Kräfte herzustellen, sollte nicht zuletzt mit Schulpflicht, einheitlichem Curriculum, standardisierten Lehrbüchern, professionellen Lehrern und Deutsch als lingua franca erreicht werden. Aber diese Bildungsziele wurden verfehlt. Stattdessen kam es zu unbeabsichtigten und antagonistischen Ergebnissen. Schulpflicht und die Erlaubnis von Schulunterricht auch in den verschiedenen Landessprachen förderten die Kodifizierung der lokalen Mundarten als nationale Schriftsprachen bei Polen, Tschechen, Ruthenen[11] und Slowenen. Die Bildungspolitik des Reiches konnte multikulturelle Interessengegensätze und Zusammenstöße nicht verhindern, überall gab es wütende Konflikte über die Schulsprache in ethnisch gemischten Gemeinschaften (Puttkamer 2011, S. 364).[12]

Die Bildungspolitik Österreich-Ungarns erleichterte und legalisierte die Entfaltung unterschiedlicher nationaler und ethnischer Interessenorganisationen und Identitäten, die Stärkung nationalistischer Elitenetzwerke und Forderungen nach örtlicher autonomer Schulverwaltung. Bildungspolitische Konflikte und Rivalitäten führten aber auch an den Universitäten des Reichs zu blutigen Zusammenstößen zwischen Ethnien und Nationen, so an der Universität Lemberg zwischen Polen und Ukrainern. Die Londoner Times berichtet, dass die polnischen Studierenden die Benutzung des Ukrainischen an der Universität blutig unterbanden: „The perennial animosity between the Polish and Ruthene students at Lemberg University found vent this morning in violent tumult. The Poles having begun to barricade the door of a lecture room in which the Ruthenes were holding a meeting, a fight with sticks and ultimately with revolvers ensued." (The Times, 2.7.1910)

In Österreich-Ungarn (Leonhard und Hirschhausen 2011) ebenso wie in anderen Imperien fielen die bildungspolitischen Ini-

---

[11] Ruthenen: Ukrainer.
[12] Ähnlich die Lage im Deutschen Reich. Die Frankfurter Zeitung schreibt am 4. April 1902 über die deutschen Ostprovinzen mit polnischen Bevölkerungsanteilen am Beispiel Oberschlesiens, dass die deutsche Politik der nationalistischen polnischen Agitation nicht mit nationalistischer Gegenagitation begegnen solle, sondern mit einer Bildungspolitik schulischer Integration und Inklusion. Letzteres klingt heute als Migrationsthema vertraut.

tiativen zur Erziehung loyaler indigener Eliten und Bevölkerungen mit dem Fortschritt der verkehrstechnischen und kommunikativen Infrastruktur zusammen. Seit der Mitte des 19. Jahrhunderts verbesserte und vervollständigte sich die Infrastruktur durch Straßen, Eisenbahn, Telefon, Telegraphie und flächendeckende Nahrungs- und Güterversorgung nicht nur in Europa, sondern auch global. Technisch weniger entwickelte Länder wie Russland (Siefert 2011) und das Ottomanische Reich investierten in ihre Telegraphen-, Bahn- und Straßeninfrastruktur mit Hilfe britischer, deutscher und anderer westlicher Firmen. Die Effekte des Ausbaus und der Verbesserung des Bildungswesens und der Infrastruktur griffen ineinander. Fortschritte der Infrastruktur förderten die Umsetzung der bildungspolitischen Zielvorstellungen der Imperien. Zugleich aber erleichterten sie überall auch Netzwerkbildung und politische Aktionen der indigenen Bevölkerungsgruppen. Im Ottomanischen Reich war die Verbesserung der Infrastruktur häufig begleitet von oft gewaltsamen Widerständen lokaler und regionaler Machthaber und Potentaten (Özyüksel 2011).

Der Prozess globaler ökonomischer Inklusion, imperialer politischer Integration, kultureller Assimilation umfasste Militär, Gesetze, Justiz, Wirtschaft, Verwaltung, Straßen, Eisenbahnen, Schiffsverbindungen, Telegraf und Telefon, Zeitzonenregelungen, Sprachen und lingua franca, Familiennamen, Kleidung, Habitus, Handwerke, Berufe, Professionen, primäre, sekundäre und tertiäre Bildungseinrichtungen, Ideen und Wissenschaft. Mit dem Fortschritt der Bildung verringerte sich der Analphabetismus, konnten sich Imaginationen nationaler Gemeinschaft leichter ausbreiten, entfalteten sich Organisationen der Zivilgesellschaft, erstarkten Staatsfunktionen und entwickelten sich Institutionen von Demokratie und Partizipation. Inklusivere und bessere Bildung stimulierte Konflikte nicht nur mit traditionellen Autoritäten wie Großgrundbesitzern, Adel und religiösen Herrschern, sondern begünstigte auch subtile und offene Feindschaft gegenüber den Imperien. Sie förderte wirtschaftliche Eigeninteressen, politische Gegenreaktionen und selbstbewusste Sub- und Gegenkulturen, stärkte Wettbewerbsfähigkeit, politisches Selbstbewusstsein, kulturelle Identität und den Willen und die Fähigkeit zu Rivalitäten und Konflikten. Identitäten schärften sich auf lokaler, regionaler und nationaler Ebene in Diskurs, Distinktion und Konfrontation. Während westliche Stärken schrittweise adaptiert und implementiert wurden, kam es zur Wiederentdeckung und Entdeckung tatsächlicher und imaginierter indigener Wurzeln (Huntington 1996).

Baylys Bilanz der Integration, Assimilation, Inklusion, Konflikte und Zusammenstöße globaler und lokaler Kräfte ist paradox: „As world events became more interconnected and interdependent, so forms of human action adjusted to each other and came to resemble each other across the world." (Bayly 2004, S. 1) Doch gleichzeitig: „Global and local forces cannibalized or fed off each other." (Bayly 2004, S. 2) Ähnliche Folgerungen zieht auch Harold James zum Zusammenspiel von Nation und Globalisierung: „The interventionist state derived a great deal of its legitimation from the process of globalization. […] The strong nation-state and the free flow of capital now stood as polar opposites." (James 2001, S. 198) „Globalism fails because humans and the institutions they create cannot adequately handle the psychological consequences of the interconnected world." (James 2001, S. 4; vgl. auch Sassen 2006)

4.3 Humankapitalpolitik: Expansion der höheren und Hochschulbildung

Im 20. Jahrhundert wurde Bildung in westlichen Ländern ein selbstverständlicher und tiefgreifender Teil des Lebensverlaufs *aller* Bürger, der einen entscheidenden Einfluss auf sehr viele

Lebenschancen ausübt und die Rationalität schon früher Entscheidungen von Kindern, Jugendlichen und Eltern prägt. Die Länge der in Bildungseinrichtungen verbrachten Lebensabschnitte stieg an durch verallgemeinerten Kindergarten- und Vorschulbesuch sowie durch die Expansion des Besuchs höherer Schulen, der Hochschulen und der Weiterbildung. Seit dem Jahre 1948 ist Bildung – zumindest als international vereinbarte Norm – globales Bürgerrecht[13] (Houston 2001, S. 391). Faktisch jedoch war selbst in Europa auch nach dem Zweiten Weltkrieg noch Analphabetismus weit verbreitet: Bulgarien 24 %, Griechenland 26 %, Italien 14 %, Jugoslawien 27 %, Portugal 44 %, Rumänien 23 % und Spanien 18 %. Erst im Jahre 1980 lag die Rate des Analphabetismus in allen europäischen Ländern unter fünf Prozent, in der Türkei aber immer noch bei 21 % (Kaelble 2007, S. 386 f.).

Bemerkenswert ist vor allem die Expansion der Hochschulbildung im 20. Jahrhundert. Um 1900 studierte in Europa im Durchschnitt nur ein Prozent jedes Jahrgangs in der Altersgruppe von 20 bis 24 Jahren. 1950 lag der Anteil Studierender bei vier Prozent und das Studieren war damit immer noch das Privileg einer kleinen Bildungselite. Dann jedoch vervielfältigten sich die Zahlen. Im Jahre 1995 lag der Anteil Studierender in Europa bei 42 % der 20- bis 24-Jährigen. Unterhalb des Durchschnitts befanden sich bildungs-, wirtschafts- und sozialpolitisch so unterschiedliche Länder wie Albanien, Bulgarien, Irland, Italien, Jugoslawien, Polen, Portugal, Rumänien, Schweiz, Tschechien, Ungarn und die Türkei. Der Bildungsabstand zwischen den Ländern Europas wurde im Verlaufe des zwanzigsten Jahrhunderts aber geringer. Jedoch nicht Europa, sondern die USA führten die

---

[13] Das Recht auf Bildung ist ein Menschenrecht nach Art. 26 der Allgemeinen Erklärung der Menschenrechte der Vereinten Nationen vom 10. Dezember 1948 (Siehe Fußnote 1 in diesem Kapitel). Es beinhaltet im Kern, dass die Grundschule unentgeltlich und obligatorisch zu sein hat und höhere Bildungseinrichtungen nach Fähigkeit und Leistung allen Bürgern zugänglich sein sollen.

Hochschulexpansion über das ganze Jahrhundert hindurch an. Auch zu Beginn des 21. Jahrhunderts hielten die USA mit 81 % Studierende in der Higher Education immer noch die Spitze (Kaelble 2007, S. 392).

Hochschulbildung gilt als Grundlage wirtschaftlicher Prosperität, sowohl national wie individuell gesehen: Je höher der Anteil der Hochgebildeten, desto höher das Bruttoinlandsprodukt, je höher der individuelle Bildungsabschluss, desto höher das Lebenseinkommen, so die OECD. Die OECD wird deshalb nicht müde, immer wieder auf die große Rolle der national weit auseinandergehenden Einschreiberaten in der „Dritten Bildungsstufe" (Tertiary Education)[14] hinzuweisen. So schreibt das Berliner OECD Centre am 9. September 2014 beim Erscheinen seiner regelmäßigen Publikation „Bildung auf einen Blick" einmal mehr mahnend: „In Deutschland erwerben so viele junge Leute wie noch nie einen tertiären Abschluss, etwa an einer Hoch-, einer Fachschule oder als Meister. Gleichzeitig wächst der Anteil an Hochgebildeten OECD-weit in kaum einem anderen Land so langsam wie hier. In Deutschland verfügen 28 % der Erwachsenen, 25- bis 64-Jährigen, über einen Tertiärabschluss, im Durchschnitt der OECD sind es 33 %."[15]

Gegen die Kritik, in Deutschland steige der Anteil der Hochqualifizierten nur langsam und die Chance aufzusteigen sei zu gering, argumentiert die Bundesbildungsministerin, dass es in Deutschland zwei gleichwertige Möglichkeiten des Aufstiegs gebe, Hochschule und Berufsausbildung. Und der bildungspolitische Sprecher der Unionsfraktion, Albert Rupprecht, repliziert: Die OECD habe „immer noch nicht begriffen, dass das

---

[14] Die Tertiary Education (Dritte Bildungsstufe) beginnt nach dem erfolgreichen Abschluss der Sekundarschulen (Abitur, High School). Sie ist breiter definiert als die Higher Education und schließt außer Universitäten, Hochschulen und Fachhochschulen auch fortgeschrittene Berufsbildung (z. B. Meisterbrief) ein.

[15] Zitiert aus *Infoservice zu OECD Neuerscheinungen*, OECD Berlin Centre vom 9.9.2014. http://www.oecd-ilibrary.org/education/bildung-auf-einen-blick-2014-oecdindikatoren_eag-2014-de. Zugegriffen: 15. August 2015.

Bildungsniveau nicht allein vom Lernort Universität abhängt". Eine Arbeitertochter, die in Frankreich Hebamme werde, gelte dort nur deshalb als Aufsteigerin, weil Hebammen in Frankreich an Hochschulen, in Deutschland jedoch an Berufsschulen ausgebildet würden (FAZ online, 12.9.2014).

Tatsächlich gibt es keinen einfachen linearen Zusammenhang zwischen dem Anteil der Teilnahme an der Tertiary Education eines Landes und dem jeweiligen wirtschaftlichen Wohlstand (Bruttoinlandsprodukt) im Weltvergleich. Die UNESCO Welt-Entwicklungsindikatoren zeigen zwar ganz im Sinne der OECD Argumentation, dass *Länder mit niedrigem Einkommen* im Durchschnitt geringe (9,18 %) und *Länder mit hohem Einkommen* im Mittel hohe Raten an Tertiary Education (75,10 %) haben. Die Zahlen einzelner Länder zeigen aber auch *extreme Abweichungen* von der Regel. So gibt es ärmere Länder mit hohen und sehr hohen Raten an Tertiary Education wie Griechenland (113,98 %), Nord-Korea (100,80 %), Porto Rico (86,46 %), Slowenien (86,08 %), Weißrußland (91,45 %) und reichere Länder wie Deutschland (61,65 %), Japan (61,45 %), Luxemburg (18,20 %) und die Schweiz (55,56 %) mit niedrigen bis sehr niedrigen Raten. Hohe nationale Tertiary Education Raten können also mit extremer wirtschaftlicher Leistungsschwäche eines Landes einhergehen, niedrige und sehr niedrige Raten hingegen können mit großer Wirtschaftsstärke zusammenfallen (Tab. 4.2).

Eine der möglichen Erklärungen für die starke Abweichung einzelner Länder und ganzer Ländergruppen (wie Asien und Südamerika) vom linearen Zusammenhang zwischen wachsender Bildungsteilnahme an höherer Bildung und Wirtschaftswachstum kann in der Qualität der Bildung gesehen werden. Die in Einrichtungen der höheren Bildung verbrachte Zahl an Lebensjahren, mit der Politiker argumentieren, steht nicht zwangsläufig zugleich für ein Mehr auch an qualitativ hoher Bildung. Das wird bei internationalen Vergleichen nicht immer beachtet. Aufschlussreicher ist der Zusammenhang zwischen den Leis-

Tab. 4.2 Globale Tertiäre Bildung 2012

Land	Tertiary Education Rate
Australien	86,33
Deutschland	61,65
Griechenland	*113,98*
Island	80,94
Japan	61,45
Korea (Nord)	*100,80*
Luxembourg	*18,20*
Niger	1,75
Puerto Rico	86,46
Schweiz	*55,56*
Slowenien	86,08
USA	95,33
Weißrussland	91,45
EU	66,65
Welt	32,06
High Income Countries	75,10
Middle Income Countries	28,05
Low Income Countries	9,18

Tertiary Education Rates. World-Bank: UNESCO World Development Indicators. http://data.worldbank.org/indicator/SE.TER.ENRR. Zugegriffen: 5. Oktober 2015
School enrollment, tertiary (% gross) Gross enrolment ratio. Tertiary (ISCED 5 and 6). Total is the total enrollment in tertiary education (ISCED 5 and 6), regardless of age, expressed as a percentage of the total population of the five-year age group following on from secondary school leaving (UNESCO Institute for Statistics. Catalog Sources World Development Indicators.

tungen in Mathematik- und Naturwissenschaftstests und dem Wachstum des nationalen Bruttoinlandsprodukts. Hier zeigt sich dann eine kausale Beziehung zwischen dem guten Abschneiden beispielsweise bei PISA-Tests und dem Wachstum des Bruttoinlandsprodukts. Die asiatischen Länder führen, südamerikanische Länder liegen hinten, und Deutschland befindet sich in einer unkomfortablen Lage unterhalb des internationalen Durchschnitts der Jahre 1960 bis 2000 (Hanushek und Wößmann 2015).

4.4 Aus Bildung wird Zukunft: Entgrenzte Erwartungen

Weltweit hat Bildung einen guten Ruf als bewährtes Instrument gegen die vielfältigen Gebrechen der modernen Gesellschaft. Bildung und Bildungspolitik sollen das nationale Wirtschaftswachstum und die Wettbewerbsfähigkeit fördern, den globalen Austausch von Gütern, Personen und Dienstleistungen erleichtern, Fortschritte in Wissenschaft und Technologie ermöglichen, mehr demokratische Partizipation anregen[16]. Die Implementation neuer Technologien geht ebenso mit Bildungsinnovationen einher wie die betriebliche Personalpolitik und der Generationsaustausch der Beschäftigten. Generell beeinflusst Bildung positiv die Chancen junger Generationen, in den Unvorhersehbarkeiten des sozialen, wirtschaftlichen und kulturellen Wandels gut zurechtzukommen. Über Bildung wird auch elementarer Einfluss genommen auf die Wahrnehmung der gesellschaftlichen Wirklichkeit und der eigenen Person. Große Hoffnungen ruhen auf Kindergärten, Vorschulen, Schulen und dem Ausbau der Hochschulen, aber auch mit Hilfe des Dualen Systems der Berufsaus-

---

[16] Oder auch nur die politische Loyalität und Bindung an die jeweilige Herrschaft erhalten.

bildung und in der Vielfalt der Weiterbildungseinrichtungen lassen sich Chancen verbessern. Insgesamt soll lebenslanges Lernen ein stabiles Gleichgewicht zwischen Angebot und Nachfrage auf dem Arbeitsmarkt durch intelligente und fortlaufende Investitionen in Humankapital bewirken.

Bildungspolitische Ziele verbinden sich aber auch immer enger mit immer vielfältigeren sozialpolitischen Programmen des Wohlfahrtsstaates und mit den Interessen seiner Parteien, Verbände, Aktivisten und Klientel. Bildung und Bildungspolitik sollen zum Abbau sozialer Ungleichheit unter den Bürgern beitragen durch den chancengleichen und inklusiven Erwerb von Bildungszeugnissen als Grundlage einer gesellschaftlich akzeptierten, fairen, gerechten Allokation irdischer Güter in Arbeit und privatem Lebenslauf. Angebote richten sich an An- und Ungelernte, Langzeitarbeitslose und Arbeitsloseninitiativen, an Kleinunternehmer und Existenzgründer, an Jugendliche in der Berufseinmündung und an über Fünfzigjährige in Erwartung ihres Berufsausgangs, an Frauen, Benachteiligte, Drogenabhängige und Drogenhilfe, an Straffällige, an die Stadtführerausbildung und an die Quartiersbildungszentren. Es sollen Eltern in sozial benachteiligten Wohnquartieren bereits im Kindergarten professionelle Hilfe für die Bewältigung des Alltags erhalten. Bildung dient sogar der Unterstützung CO_2-effizienter Stadtstrukturen. Der Erwartungshorizont an Bildung ist weit gespannt, auch in der Lokalzeitung, die über Bildung im Kontext nachhaltigen, intelligenten und integrativen Wachstums schreibt, welches in der Europäischen Union durch wirtschaftlichen, sozialen und territorialen Zusammenhalt zum Nutzen der Stadt vermittelt und gefördert werde (Weser-Kurier 18. März 2015, S. 7).

Die Einsatzmöglichkeiten von Bildung gelten als nahezu unbegrenzt. Das *Bundesministerium für Bildung und Forschung* verzeichnet auf seiner Website[17]: Alphabetisierung, Aufstieg, Ausländische Berufsqualifikationen, Begabtenförderung, Bildungsgerechtigkeit, Chancengleichheit, frühkindliche Bildung, duale Berufsausbildung, kulturelle Bildung, Deutschlandstipendien, Lernen im Lebenslauf, Meister-BAföG, nachhaltige Entwicklung, Integration, internationaler Vergleich, MINT- Förderung, Jugendförderung, Nachwuchsförderung, aber auch Begegnung im Krieg, muslimische Studierende sowie maßgeschneiderte Therapien bei Studienabbruch.

„Aus Bildung wird Zukunft"[18] – Der Glaube an die Möglichkeiten von Bildung und Bildungspolitik, eine gute Gesellschaft zu schaffen, ähnelt dem Heilsversprechen einer von den Übeln der Welt erlösenden Zivilreligion, ganz so wie Comte es bereits 1842 (Comte 1974) formulierte. Ist es eine Zukunft grenzloser Möglichkeiten?

---

[17] http://www.bmbf.de/.
[18] http://www.bmbf.de/de/14389.php. Zugegriffen: 22. Mai 2015.

5
Herausforderungen. Bildungserträge, Ungleichheit, Medien

Comte war von der aufsteigenden Geschichte des menschlichen Geistes überzeugt.[1] Im modernen, wissenschaftlichen Zeitalter der Menschheit werden alle Schäden der Gesellschaft in einem Stadium der Harmonie aufgehoben werden und „jeder von uns mit dem Dasein der ganzen alle Zeiten und Orte umfassenden Menschheit verknüpft" (Comte 1974, S. 510). Comtes utopische Idee der perfekten Menschheit transformiert soziale Probleme in Bildungsprobleme. Das entspricht dem Selbstverständnis moderner Menschen in einer individualisierten, freien Gesellschaft gleicher Bürger. Es fügt sich gut ihrem Streben nach Glück und Erfolg, ihrer selbstexpressiven Lebensweise in Diversität. Und es ist ein optimistisches Bild, geprägt von hoffnungsfroher Machbarkeit des Lebens und der Welt. Dieses Idealbild europäischer Mittelschichten von Gesellschaft und Leben wurde zum Ideal vieler Schichten in Europa, bevor es Geltung für die globale Bevölkerung gewann, ganz so wie Comte es erwartete.

Die Utopie individueller und gesellschaftlicher Machbarkeit des Daseins ist der Bildungspolitik affin. Bildungschancen

---

[1] So auch sein deutscher Zeitgenosse Hegel (1770–1831), aber mit anderen Begründungen: „Es ist der Gang Gottes in der Welt, daß der Staat ist: sein Grund ist die Gewalt der sich als Wille verwirklichenden Vernunft. Bei der Idee des Staats muß man nicht besondere Staaten vor Augen haben, nicht besondere Institutionen, man muß vielmehr die Idee, diesen wirklichen Gott, für sich betrachten." (Hegel 1968, S. 241)

werden mit gesellschaftlichen und Lebenschancen in eins gesetzt. Damit wird Bildung zum entscheidenden Kriterium für die Verteilung der guten Dinge im Wettbewerb des Lebens. „Schools provide the educational currency that students can cash in for a good job and a comfortable life." (Labaree 2010, S. 237) Doch es bleibt das meritokratische Dilemma demokratischer und sozialstaatlicher Bildungspolitik. Sie bewegt sich zwischen gleichem Recht auf Bildung mit maximaler Öffnung und Inklusion aller Bürger und gleichzeitig faktischer Herstellung von Ungleichheit durch differenzierende Bildungserträge im individuellen *pursuit of happiness*. Bildung und Bildungsstaat haben auf diesem Wege einen langen, faszinierenden historischen Aufstieg hinter sich gebracht. Aber gerade als Folge dieses historischen Aufstiegs sehen sie sich mit Herausforderungen konfrontiert, die sich deutlich am Beispiel der USA, Deutschlands, Englands und Frankreichs zeigen:[2]

1. In den USA, dem seit einem Jahrhundert führenden Bildungsland, stagniert der *Abbau von Ungleichheit durch Bildung*. Auch der *Beitrag von Bildung zum Wirtschaftswachstum* hat sich fast halbiert. Beides intensiviert den Wettbewerb auf dem Bildungsmarkt und erzeugt neue Verlierer. Die USA stehen mit dieser Entwicklung nicht allein.
2. Zeitgleich verringert sich in Deutschland, England, Frankreich und den USA die Präsenz *der Bildung auf den Titelseiten führender Zeitungen*. Lange stand Bildung für Wohlstand, Stärke und Wettbewerbsfähigkeit stolzer Nationen, und sie war Distinktionsmerkmal des Bürgertums. Heute dominieren nicht Nation und Bürgertum in Bildungspolitik und Medien, sondern entgrenzte sozialpolitische Erwartungen.

---

[2] Weitere Daten und Materialien zu diesem Kapitel Weymann (2014). Zum internationalen Vergleich der Bildungspolitik siehe die Übersicht bei Busemeyer (2015).

5.1 Bildungserträge und Ungleichheit. Grenzen des Fortschritts?

Die USA sind ein interessanter Fall für die Beobachtung und Beschreibung der *ersten Herausforderung* durch sinkende Bildungserträge und steigende Ungleichheit, sind sie doch seit einem Jahrhundert die in Bildung und Wissenschaft global führende Nation mit einem offenen Bildungssystem und den höchsten Absolventenraten in „High Schools" und „Higher Education". Doch seit Jahrzehnten steigen nur noch die Renditen hoher und höchster Abschlüsse weiter an, während die Bildungserträge niederer und mittlerer Abschlüsse stagnieren oder sinken mit der Folge wieder wachsender Ungleichheit auch im und durch das Bildungssystem.

Das Dilemma der Koexistenz eines gleichen Rechts auf Bildung und differenzierender Ergebnisse im *pursuit of happiness* ist in den USA nicht neu. Donoghue (2008, S. 3) spricht von einem Antagonismus zwischen dem unternehmerischen Amerika und seinen Hochschulen seit Beginn des 20. Jahrhunderts. Es war damals eine gute Zeit, die Interessen von Kapital und Humankapital zusammenzuführen. Auf beiden Seiten war das Wachstum enorm. Das Bruttoinlandsprodukt (GDP) der USA verdoppelte sich in jedem Jahrzehnt. Gleichzeitig expandierte die Hochschulbildung in zuvor unbekannter Weise. Der Bedarf an qualifizierten Facharbeitern, Technikern, Ingenieuren, Managern und Juristen wuchs ständig. Das führte zu einem Gründungsboom neuer Hochschulen[3]. Um 1900 wurden in jedem Fünfjahreszeitraum über 90 Hochschulen etabliert. In den fünfziger Jahren sank die Zahl dann aber auf zuletzt nur noch 15 Neu-

---

[3] Der Anteil privater Gründungen war und ist mit rund 50 % im OECD Vergleich hoch (Goldin und Katz 2008, S. 257).

gründungen pro Fünfjahreszeitraum. Einen zweiten, kleinen Gipfel gab es nochmals in den sechziger Jahren mit rund 60 Gründungen. Doch dann fiel die Zahl der Neugründungen endgültig noch weiter ab auf fast Null im Jahre 2000.

Schon zu Beginn des 20. Jahrhunderts ist die Beteiligung von Unternehmern an Hochschulvorständen und -kuratorien weit verbreitet. Unter den einflussreichen Industriellen jener Periode befinden sich so bekannte Namen wie Andrew Carnegie, Clarence F. Birdseye, Richard Teller Crane, Frederick Winslow Taylor, Morris Llewellyn Cooke und John D. Rockefeller. Sie fordern eine klare Rechnungsführung und Kostentransparenz der Hochschulhaushalte, die Zerlegung des Lehrstoffes in prüfbare Module und Kurse, die fortlaufende Evaluation der Lehr- und Lernqualität, professionelles Management der Hochschulleitung und Verwaltung sowie öffentlich zugängliche Statistiken und Indikatoren.[4] Der Soziologe Thorstein Veblen bezeichnet diese Forderungen bereits 1918 als Plan zur Beseitigung des freien akademischen Studiums mit dem Ziel der Transformation der Hochschulen in einen Zulieferbetrieb von standardisierten Kompetenzen, die den privaten wie öffentlichen Arbeitgebern den jeweiligen Nutzen des Absolventen anzeigen (Veblen 1918). In der amerikanischen Öffentlichkeit fanden die Hochschulreformen jedoch große Zustimmung (Hofstadter 1962).

Wie schon ausgeführt, gab es in der Geschichte niemals eine klare Trennung zwischen privaten und öffentlichen Bildungssphären (Enders und Jongbloed 2007). Auch die USA haben eine lange Tradition koexistierender öffentlicher und privater

---

[4] Crane (1908) gab eine Studie zu Profitabilität und Qualität des Bildungswesens in Auftrag. Auch Taylor (1911) kritisierte in „Principles of Scientific Management" die Wettbewerbsfähigkeit. Und Cooke (1910) publizierte „Academic and Industrial Inefficiency" im Auftrag des Präsidenten des Massachusetts Institute of Technology (MIT), Henry S. Pritchett. Finanziert wurde die Studie von der „Carnegie Foundation for the Advancement of Teaching".

Bildung. Zu Beginn des 19. Jahrhunderts wurden Schulen entweder von den Ortsgemeinden oder von religiösen Gemeinschaften getragen. Mit der Einführung der Schulpflicht Mitte des 19. Jahrhunderts, dem Common School Movement und dem Progressive Movement überflügelte dann um 1900 die Zahl der Kinder an öffentlichen Schulen jene an privaten Schulen. Und es überstieg der öffentliche Finanzierungsanteil an den Bildungskosten mit 79 % den privaten Anteil bei Weitem. Die USA zogen hinsichtlich öffentlicher Bildungsausgaben, der Zahl der Schüler an höheren Schulen und der Zahl der Hochschüler am zuvor führenden Deutschland vorbei (Busemeyer 2006, S. 43). Nach dem Zweiten Weltkrieg nahm das Gewicht staatlicher Bildungspolitik, staatlicher Finanzierung und rechtlicher Eingriffe weiter zu, vorangetrieben nicht zuletzt durch soziale Bewegungen und Gleichstellungsgesetzgebung wie den „Bilingual Education Act" (1986), den „Education for All Handicapped Children Act" (1975) und den „No Child Left Behind Act" (2001) (Busemeyer 2006, S. 72 f.). Auch staatlich standardisierte Ergebniskontrollen für Lehre und Lernen stärkten die nationale Bildungspolitik auf Kosten der privaten, lokalen und einzelstaatlichen Instanzen.

Ähnlich wie in den Schulen sah die Entwicklung im Hochschulbereich aus. Seit dem Beginn des 20. Jahrhunderts verfolgte die Bildungspolitik das Ziel einer inklusiven höheren Schulbildung für alle (weißen) Bürger und das Ziel der Öffnung der Hochschulen. Der Antrieb dazu lag in den immer neuen Herausforderungen technologischer Innovationen, in der wachsenden Nachfrage nach höheren Berufsqualifikationen und flexibel einsetzbaren Kompetenzen, aber auch in der größeren zivilgesellschaftlichen Sensibilität für gleiche Bürgerrechte und die Probleme sozialer Ungleichheit. Die USA, nicht europäische Länder, führten diese Entwicklung an.

Dieser historische Vorsprung einer immer mehr öffentlich finanzierten, zugangsoffenen, durchlässigen, korrigierbaren, umfassenden höheren und Hochschulbildung verschaffte den

USA einen wachsenden Vorsprung an höherer Qualifizierung der Beschäftigten gegenüber ihren Wettbewerbern auf den Weltmärkten. Das Bildungsniveau der Arbeitnehmerschaft veränderte sich durchgreifend. Während Arbeitnehmer zu Beginn des Jahrhunderts noch zu fast 80 % nur Elementarschulen und Junior High Schools besucht hatten, kehrte sich das Verhältnis bis zum Ende des 20. Jahrhunderts um. Jetzt waren 80 % aller Arbeitnehmer Absolventen von High Schools, Colleges oder Graduate Schools. Fast ein Jahrhundert währte der Vorsprung des amerikanischen Bildungssystems und Arbeitsmarktes vor den früheren Konkurrenten Deutschland, Frankreich und Großbritannien.

Die Expansion der Zahl höherer Bildungseinrichtungen ging in den USA Hand in Hand mit der Expansion der Einschreibungen und der Absolventenzahlen. Mädchen und Frauen partizipierten von Anfang an fast gleichauf, im letzten halben Jahrhundert lagen sie sogar in Führung vor Jungen und Männern. Insgesamt stieg innerhalb eines Jahrhunderts (zwischen 1870 und 1980) die Zahl der pro Geburtsjahrgang im Durchschnitt absolvierten Schuljahre von 8 auf 14 an (Goldin und Katz 2008, S. 21). Und im gleichen Zeitraum wuchs die Zahl der Hochschulabsolventen von 5 auf 30 % eines Geburtsjahrgangs (Goldin und Katz 2008, S. 249). Die steigenden Absolventenquoten gingen mit einer Vervielfachung des Pro-Kopf-Einkommens einher. Im Jahre 2000 lag das reale Pro-Kopf-Einkommen sechsmal so hoch wie im Jahre 1900. Gleichzeitig hatte sich die Ungleichheitsrate, gemessen am Einkommensanteil der reichsten 10 % der Bevölkerung, bis in die siebziger Jahre hinein halbiert (Goldin und Katz 2008, S. 7).

In den letzten Dekaden jedoch nahm die Ungleichheit wieder zu. Während das verfügbare Haushaltseinkommen mehr als ein halbes Jahrhundert lang am unteren Ende und in der Mitte der Einkommensskala am schnellsten wuchs, kehrte sich dieser Trend seit den achtziger Jahren um. Das größte Einkommenswachstum fand in den letzten Dekaden am oberen, das geringste Wachstum am unteren Ende der sozialen Hierarchie statt (Heckman und Krueger 2003, S. 6f.). Diese sich öffnende Schere findet sich auch in der Lohnentwicklung nach Bildungsabschlüssen wieder. Die Stundenlöhne von High School Absolventen sanken, die Löhne von Collegeabsolventen stagnierten, nur die Löhne von Graduate-School-Absolventen stiegen weiterhin an. Besonders schwach ist die Einkommenslage der Schulabbrecher (Heckman und Krueger 2003, S. 4 f.).

Prekär sind auch Bildungsbeteiligung und Bildungsabschlüsse von Minderheiten und Einwanderern. Während Bildungsbeteiligung und Bildungsabschlüsse der weißen Bevölkerung seit dem Jahrhundertbeginn bis in die siebziger Jahre hinein anwuchsen und Einwanderer diesem Trend mit zeitlichem Abstand folgten, kommt es danach zu einer Stagnation sowohl der Bildungsbeteiligung wie der Abschlüsse und damit der Aufholjagd der Einwanderer und Minderheiten. Auch die Schulabbruchzahlen, die in der ersten Jahrhunderthälfte sanken, sinken nicht mehr weiter trotz aller bildungspolitischen Interventionsprogramme. „This is in spite of the growth in per-pupil expenditure in public schools over the last 30 years." (Heckman und Krueger 2003, S. 85 f.)

Als Folge dieser Entwicklung haben die USA seit den 1980er Jahren ihre global führende Position hinsichtlich Bildungsbeteiligung und Abschlussquoten verloren (National Commission on Excellence in Education 1983). Stagnation trat auch in der Rentabilität der Bildungsabschlüsse ein. Während der direkte Effekt von Bildungsinvestitionen auf das Wirtschaftswachstum von 1900 bis 1980 jährlich zwischen 0,5 und 0,6 % betrug, ist dieser Effekt seither auf 0,37 % gefallen (Goldin und Katz 2008, S. 38 f.). Die USA wurden von neuen Wettbewerbern überrundet, wie das „Programme for International Student Assessment" (PISA) und „Trends in International Mathematics and Science Study" (TIMSS) nachwiesen. Die Rate der High School-

Absolventen liegt im unteren Drittel der OECD Zahlen, die Rate der Collegeabsolventen liegt nur noch im Mittelfeld. „Clearly, the United States no longer leads the world in the education of young adults." (Goldin und Katz 2008, S. 327)

Schulabbrüche, mangelhafte Studierfähigkeit der High School-Absolventen, stagnierende Hochschulbildung, das Zurückbleiben von Minderheiten und Einwanderern, aber auch steigende Studiengebühren und Studienkreditkosten bei zugleich unsicheren Erträgen der Abschlüsse im späteren Berufsverlauf vergrößern soziale Ungleichheit und untergraben das öffentliche Vertrauen in die Wirksamkeit staatlicher Bildungspolitik sowohl in unteren als auch oberen Bildungsklassen. Doch während Angehörige der unteren Klassen daraufhin ihr Bildungsstreben häufiger aufgeben, finden Angehörige oberer Klassen kostspielige private Lösungswege. Um nochmals Goldin und Katz zu zitieren: „Under many reasonable scenarios, the wider the distribution of income, given its means, the less support there will be for public education, since the rich can opt out and the poor will have a lower demand." (Goldin und Katz 2008, S. 208)

Zahlreiche große Bildungsförderungsprogramme der US-Bundesregierung haben das Problem abnehmender Bildungserträge und zunehmender Ungleichheit nicht lösen können. Nur Vorschulprogramme haben sich in gewissem Maße als wirksam darin erwiesen, familienbedingte Bildungsnachteile auszugleichen (Heckman 2013). Jedes zusätzliche erfolgreiche Schuljahr erhöht das spätere Einkommen im Schnitt um sechs bis acht Prozent und verringert auch externalisierte Kosten wie abweichendes Verhalten, Drogenkonsum, Kriminalität, Gefängnis. Auch jedes Jahr Collegestudium und vor allem der Collegeabschluss verbessern das spätere Einkommen. Doch andere bildungspolitische Programme wie das „General Educational Development Program (GED)" zum nachträglichen Schulabschluss oder Arbeitsförderungsprogramme wie „Big Brothers Big Sisters", „Quantum Opportunity Program", „Philadelphia Future's Sponsor-A-

Scholar", „Ohio's Learning, Earning and Parenting Program" (LEAP) und das „Teenage-Parent Demonstration Program" (TPD) sind kaum oder gar nicht in der Lage, die gewünschten positiven Effekte hinsichtlich Bildungserträgen, Einkommen und Vermeidung externalisierter Kosten zu erreichen (Carneiro und Heckman 2003, S. 86).

Kurzfristige Programme können nicht erfolgreich sein, da die Ursachen der Bildungsprobleme nicht in einer kurzfristigen Misere liegen, die mit finanziellen oder pädagogischen Mitteln behoben werden könnte. Nur langfristige und verlässliche Unterstützung von Familien und deren Wirtschaftslage können wirksam sein. „This evidence, like that of the entire literature, is very crude. Good families promote cognitive, social, and behavioral skills. Bad families do not. The relevant policy issue is to determine what interventions in bad families are successful." (Heckman und Krueger 2003, S. 135)

Die außerordentliche Erfolgsgeschichte der amerikanischen Bildungspolitik endet vorerst in den achtziger Jahren des vorigen Jahrhunderts. Die Dynamik wachsender Bildungsbeteiligung, immer höherer Bildungsabschlüsse, erwartbar stabiler Erträge der Bildungsinvestitionen stagnierte, und der Aufholprozess von Immigranten und Minderheiten kam zu einem Ende. Das Bildungssystem verlor seinen herausgehobenen Rang im internationalen Vergleich wie die Ergebnisse von TIMSS, PISA und anderer Studien zeigen. Haben die USA damit eine endgültige Grenze erreicht, oder handelt es sich um einen temporären Tiefpunkt innerhalb der langfristigen Zyklen von Auf- und Abschwüngen des Bildungssystems und des Verhältnisses zwischen Bildung und Arbeitsmarkt?

Auch in Deutschland gab es seit 1800 immer wieder Perioden der Expansion und Stagnation, wobei jede einzelne Periode im Schnitt um die 25 Jahre dauerte (Metz 2006; Tietze 1990 und 2004). Alle politischen Bemühungen, das Problem immer neuer Zyklen zu lösen, sind gescheitert unabhängig davon, unter welchen ideologischen oder parteilichen Vorgaben diese Politiken standen, ob liberal, sozialdemokratisch-keynesianisch oder sozialistisch. Zugleich lässt sich sagen, dass Krisenphasen keinesfalls nur negative Folgen haben. Es sind auch Zeiten großer Kreativität. In ihnen werden lange Pfade politischer, wirtschaftlicher und kultureller Machtverhältnisse und damit auch ehrwürdige oder auch nur alte Pfade bildungspolitischer Institutionen zerstört und durch neue ersetzt. So verschwand in Deutschland die Volksschule, es schrumpfte das Interesse am humanistischen Gymnasium bis auf winzige Reste[5], es wurde das Gymnasium insgesamt trotz sehr großer Bevölkerungsnachfrage durch unterschiedliche inklusivere Schulformen ergänzt oder ersetzt, es wurden Hochschuldiplome weitgehend und Staatsexamina teilweise durch zweistufige BA- und MA-Studiengänge und deren Abschlüsse abgelöst. Das ehemalige Juristenmonopol in den Bürokratien von Staat und Wirtschaft ist aufgebrochen.

Anforderungen, Ansehen, Erträge von Ausbildungsgängen und Examina sind ständig im Fluss und werden immer wieder neu bewertet. Der öffentliche Dienst, die Professionen, der Facharbeitsmarkt stellen neue Qualifikationsanforderungen und formulieren neue Auswahlkriterien für Neuzugänge, die zum Angebot neuer Bildungsabschlüsse in einem Wechselverhältnis stehen (Müller-Benedict 2006). Insgesamt ist auch in Deutschland eine ständig höhere Akademisierung der Bildungsabschlüsse wie auch des Arbeitsmarktes zu beobachten – bislang ohne dauerhaft desaströse Beschäftigungseinbrüche (Reisz und Stock 2013).

Schumpeters bekannte These der Innovation durch kreative Zerstörung (Schumpeter 1939) ist eine insgesamt optimistische Sichtweise auf das Problem von Bildungskonjunkturen, auch wenn Innovationen schwere Verluste an Bildungstraditionen

---

[5] Weniger als 2 % der Schüler, etwas unterschiedlich je nach Bundesland.

einschließen können.[6] Da profitable wirtschaftliche, machtpolitische, sozialpolitische, bildungsinstitutionelle, kulturelle, rechtliche Arrangements von den jeweils Begünstigten nicht freiwillig aufgegeben werden, auch dann nicht, wenn sie das Gemeinwohl massiv schädigen, kann nur kreative Zerstörung die notwendigen Neuerungen schaffen (Brennan und Buchanan 1993; North 1992; Olson 1985). Innovationen und neue Opportunitäten entstehen deshalb auch im Bildungswesen nicht zuletzt in Perioden kreativer Zerstörung ehrbarer, aber funktionsschwacher oder auch nur machtlos gewordener Institutionen (Lundgreen 2000 und 2006).

Deutet die Beobachtung der USA im Kontext endloser Bildungszyklen westlicher Länder auf das Erreichen endgültiger Ertrags- und Gleichstellungsgrenzen hin oder handelt es sich um den Beginn der nächsten großen Welle von Bildungsinnovationen? Sie wird durch globale Konkurrenz geprägt, durch rivalisierende Bildungsziele, Curricula, Lehrprofessionen, Organisationsformen, Bildungszeugnisse in einer Welt ebenfalls konkurrierender Märkte von Gütern, Dienstleistungen, Arbeit, Kapital, Information, Kommunikation, Wissenschaft. Auch mit wachsender globaler Realisierung von Menschenrechten und Gleichstellung ist wahrscheinlich zu rechnen, gestaltet durch Elemente von „global governance" (Rizvi und Lingard, 2010).

---

[6] Ein Verlust ist beispielsweise der Rückzug des humanistischen Gymnasiums bis auf eine Nischenexistenz. Als Lateinschule war das Gymnasium seit dem Mittelalter der Stolz der Städte und zusammen mit den Universitäten der Repräsentant europäisch-abendländischer Kultur und Zivilisation. Das ist nun Geschichte und fast vergessen.

5.2 Medien. Von stolzen Nationen zu polymorphen Wohlfahrtsstaaten

Einen Eindruck von der *zweiten Herausforderung*, der Entwicklung des öffentlichen Interesses an Bildung, gibt die Bildungsberichterstattung in Zeitungen westlicher Länder. Während die Erträge von Bildungsinvestitionen gemessen am Wirtschaftswachstum schwächer wurden und der Abbau der Ungleichheit durch Bildung stagnierte, sank die Aufmerksamkeit der Qualitätspresse für Bildung als zentralem politischen Thema in Deutschland, England, Frankreich und den USA durch das gesamte zwanzigste Jahrhundert hindurch. Das signalisiert eine Schwächung des Rückhalts der Bildungspolitik bei führenden Klassen und Milieus.

Untersucht wurden Titelseiten der Qualitätspresse, weil Titelseiten die zentralen Themen des Tages transportieren.[7] Ausgewählt wurden für die Studie die Frankfurter (Allgemeine) Zeitung[8], Le Figaro, die New York Times und The Times. Es sind, nicht zufällig, führende Zeitungen aus Deutschland, Frankreich, den USA und England, die das ganze Jahrhundert lang erschienen sind. Und es handelt sich um Länder, die historisch eine zentrale Rolle im Aufstieg des Bildungsstaates gespielt haben und die

---

[7] Es kommen nur Presseorgane in Frage, die das gesamte Jahrhundert hindurch erschienen sind, also weder Rundfunk, Fernsehen noch Internet. Und es ist nur die Qualitätspresse geeignet, die auf ihren Titelseiten Bildung und Bildungspolitik regelmäßig abhandelt, d.h. keine Lokal- oder Boulevardzeitungen. Die Studie ist auf Friedenszeiten beschränkt, auf die Jahre 1900 bis 1909 und 1950 bis 2007. Untersucht wurden die ersten Samstagsausgaben in jedem Vierteljahr (Januar, April, Juli und Oktober). Die Stichprobe umfasst insgesamt 1040 Titelseiten, 260 pro Zeitung. Die qualitative Analyse endet je nach Verfügbarkeit der Ausgaben für die New York Times im Jahre 2004, für Le Figaro in 2006, für Frankfurter Allgemeine und Times 2007. Die quantitative Analyse endet einheitlich im Jahre 2004 (rechtszensiert).
[8] Die Frankfurter Zeitung wurde 1856 gegründet und 1949 wiedergegründet als Frankfurter Allgemeine Zeitung.

dabei nicht nur westlich universale, sondern jeweils auch national eigene und einflussreiche Wege beschritten haben.

Was steht zwischen 1900 und 2000 an Bildung und Bildungspolitik auf den Titelseiten dieser Zeitungen im Mittelpunkt der Aufmerksamkeit? Man sollte angesichts der starken Bildungsexpansion eine generelle Bedeutungszunahme der Berichterstattung über Bildung erwarten und insbesondere einen Bedeutungsgewinn internationaler Berichte im Zuge der Globalisierung. Beides aber ist nicht der Fall. Im Gegenteil, es verringert sich die Bildungsberichterstattung insgesamt, und es schrumpft der globale Horizont der Bildungsartikel. Gleichzeitig verschieben sich die Themenschwerpunkte vom nationalen Interesse an Bildung auf ausgreifende sozialpolitische Probleme.

Bereits der erste Blick auf die *Häufigkeit der Berichterstattung* über Bildung und Bildungspolitik zeigt für alle vier Zeitungen übereinstimmend, dass die Zahl der Artikel im Laufe des 20. Jahrhunderts nicht zugenommen, sondern *abgenommen* (Abb. 5.1) hat, und dass die *weltweite Aufmerksamkeit gesunken* ist (Abb. 5.2). Erschienen zu Beginn des Jahrhunderts (im

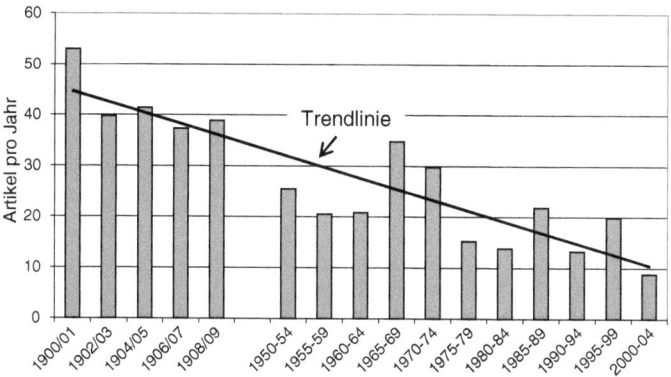

Abb. 5.1 Zahl der Bildungsartikel auf Zeitungstitelseiten 1900–1909 und 1950–2004

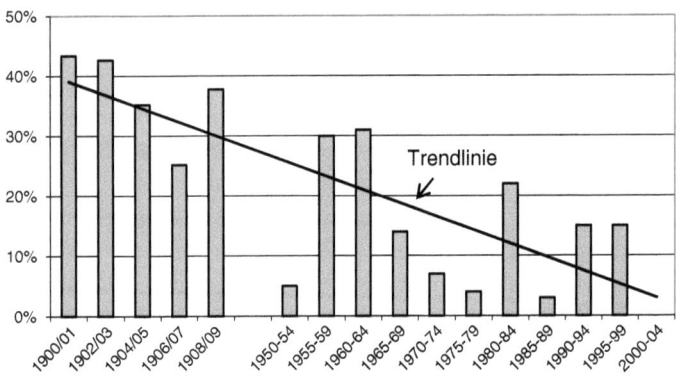

Abb. 5.2 Zahl der Bildungsartikel auf Zeitungstitelseiten 1900–1909 und 1950–2004, davon Internationale Bildungsberichterstattung (in Prozent)

Durchschnitt) noch auf rund 40 % aller Titelseiten Artikel mit Bildungsthemen, so fiel dieser Anteil in der zweiten Hälfte des Jahrhunderts auf unter 20 %. Gleichzeitig halbierte sich auch der Anteil internationaler Berichterstattung an allen Bildungsartikeln. Internationale Bildungsberichterstattung wurde so unregelmäßig, dass zu manchen Zeiten keine Berichte zu finden sind.

Auch inhaltlich veränderte sich die Bildungsberichterstattung. Das wird vor allem in der zweiten Hälfte des Jahrhunderts, in den Jahren 1950 bis 2004, gut sichtbar (Abb. 5.3 und 5.4). Auffallend ist der Rückgang von Berichten über die ökonomische Bedeutung von Bildung. Wirtschaftsaspekte fallen vom zweiten Rang auf den letzten. Auch politische Aspekte verlieren an Präsenz auf den Titelseiten, behalten aber durchgehend den ersten Rang und damit den größten Anteil an der Bildungsberichterstattung. Stabiler sind Berichterstattungen über kulturelle Aspekte von Bildung, wobei letztere allerdings durchgehend gering an Zahl sind.

Was verbirgt sich hinter der Schrumpfung nationaler und internationaler Bildungsberichterstattung und der Veränderung der

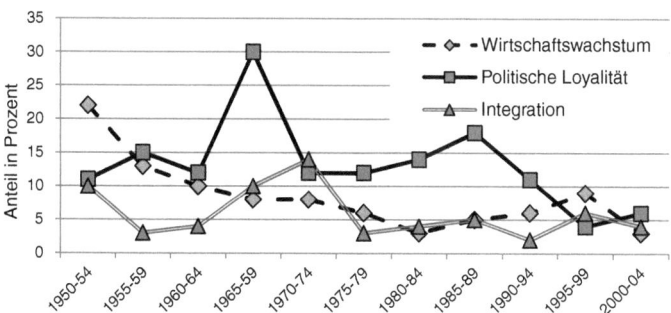

Abb. 5.3 Prozentanteil der Bildungsartikel nach Politikfeldern 1950–2004

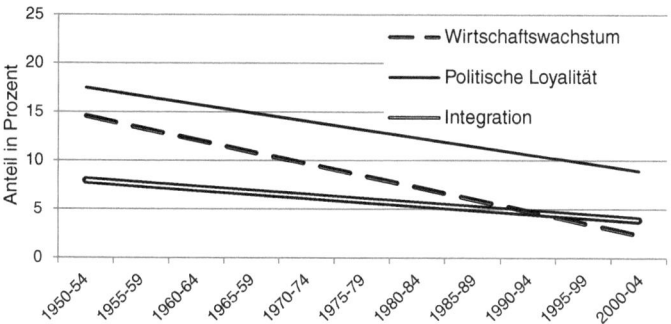

Abb. 5.4 Lineare Regression der Bildungsartikel nach Politikfeldern 1950–2004

Themenschwerpunkte? Der Beginn des 20. Jahrhunderts ist eine Periode stolzer europäischer Nationen und Imperien, geprägt von starkem Vertrauen in eine wirtschaftlich, politisch, kulturell, militärisch große Zukunft unter Einschluss weltweiter Hegemonie. Für diese große Zukunft stehen auch die Erwartungen an die Leistungsfähigkeit von Bildung und Bildungspolitik. Einen starken Kontrast dazu bieten die letzten Jahrzehnte. Hier geht es vor allem um gesellschaftliche und kulturelle Ungleichheit, um Integrationsprobleme und Wettbewerbsschwächen. Bildung wird zu einer sozialpolitischen Wunderwaffe, die die Flut sozialer Gebrechen bekämpfen soll. Synchron zu dieser Entgrenzung der Erwartungen an Bildung schwillt der Chor der Klagen über unzureichende Erfolge von Bildungspolitik an. Dies ist die einheitliche Entwicklung aller vier Zeitungen in den vier Ländern. Innerhalb dieses Trends gibt es dann nationale Varianten.

5.2.1 Zeitraum 1900 bis 1909

Frankfurter Zeitung 1900–1909: Bildungsprinzipien, Fortschritt und Globalisierung

Zu Beginn des Jahrhunderts ist das Deutsche Reich ein Land im rasanten Aufstieg mit einem Wirtschaftswachstum von jährlich vier bis sechs Prozent. Ein solches Wachstum ist historisch eine Ausnahme, vergleichbar beispielsweise mit dem Aufstieg Chinas in den letzten Dekaden. Es ist in Deutschland auch kein zweites Mal über einen so langen Zeitraum wieder erreicht worden. Das nicht ganz so starke Wirtschaftswachstum nach dem Zweiten Weltkrieg, genannt „Wirtschaftswunder", hielt lediglich zwei Jahrzehnte an und endete bereits Mitte der siebziger Jahre. Zu Beginn des Jahrhunderts ist Deutschland auch in Bildung und Wissenschaft führend. Mehr als 50 % aller Nobelpreise gehen an deutsche Forscher.[9]

Das Augenmerk der Frankfurter Zeitung richtet sich auf die segensreichen Wirkungen der Bildung für Kultur, Zivilisation, Gesellschaft und Alltagsleben, für Wirtschaft, Industrie und Handel im globalen Wettbewerb. Schon damals wird die Knappheit an Natur- und Ingenieurwissenschaftlern beklagt, es wird eine Förderung der heute sogenannten MINT-Fächer und der Mädchen verlangt, es wird die Öffnung des Gymnasialzugangs

---

[9] Davon wiederum die meisten an Forscher preußischer Universitäten, dem größten Land des Reiches.

durch Abschaffung der Aufnahmeprüfungen oder Vorschulen diskutiert (5.10.1901). Ein weiteres heute noch vertrautes Thema ist die Verbesserung der Statistiken, der Berufsberatung und der Übergänge vom Bildungssystem in Arbeitsmarkt und Beruf in einer immer komplexeren Wirtschaft und Bildungslandschaft. Dafür sind neben den Schulen vor allem die Arbeitsämter zuständig mit aktuellen Informationen und guter Beratung (6.4.1901). Natürlich hat jede Beratung durch Eltern, Schulen und Arbeitsamt unter Beachtung der Selbstbestimmung des Schülers bzw. Studierenden zu geschehen: Entwickle dein Kind zu einem freien und selbständigen Menschen (4.1.1902).

Professorenaustauschprogramme sind Routine. Professor Murray Butler, Columbia University, weilt gegenwärtig wieder einmal in Berlin. In einem Interview zeigt er sich angetan vom Stand des Wissenschaftleraustausches, in dessen Rahmen gleichzeitig auch die Professoren Burgeß (Columbia) und Hadley (Präsident der Universität Yale) in Berlin sind (7.6.1906). Zweisprachigkeit auf beiden Seiten ist selbstverständlich. Stolz ist die Zeitung auf die Volksschule als Schule der Demokratie ohne Einfluss von Religion und Klerus. Konfessionsschulen setzen die Qualität der Bildung herab und verschärfen religiöse Gegensätze, wie der Blick auf Europa zeigt (2.1.1904; 3.10.1908). Die Zeitung stimmt dem Widerspruch aus der Öffentlichkeit gegen den Einfluss des Staates auf die Ernennung von Berliner Schulrektoren zu (6.1.1906). Es beklagen Sozialdemokraten und Konservative gleichermaßen Eingriffe des Staates in die Autonomie der kommunalen Berliner Bildungsverwaltung (5.10.1907). Andererseits findet die Gründung einer zentralen Zollhochschule des Reiches in Zeiten der Globalisierung ungeteilte Zustimmung (2.4.1902). Nachdrücklich begrüßt die Zeitung aus gleichem Grund auch die Meraner Beschlüsse zur Stärkung der Naturwissenschaften, der Mathematik, Physik, Biologie am Gymnasium, deren Notwendigkeit in unserer modernen Zeit „der Herr von Helmholtz"[10] in „monumentaler Sprache" hervorgehoben hat (3.4.1909). Lobenswert ist ebenfalls, dass im Phonogram-Archiv der Wiener Akademie der Wissenschaften alle europäischen Sprachen und Dialekte, später auch die der gesamten Welt konserviert werden sollen (7.7.1900). Es geht in vielen Dingen aufwärts.

Die Zeitung kontrastiert in ihren Berichten über das Bildungswesen im Ausland nicht selten das hochentwickelte Deutschland mit seinen allgemeinen, freien, geheimen, gleichen Wahlen[11] und einer gebildeten Bevölkerung ohne Analphabetismus mit Zuständen an der europäischen Peripherie. Nachdem Reichstag und Bundesrat Gesetze verabschiedet haben, „steht dem Kaiser ein Veto überhaupt nicht zu" (6.4.1901). Ganz anders sehe das in autokratischen und analphabetischen Ländern wie der Türkei aus (3.10.1908). Unter der Überschrift „Der Islam und die Nichtmohamedaner" heißt es: „In einem theokratischen Staate, wie es die Türkei immer gewesen ist, und auch bis zu einem gewissen Grade bleiben wird, knüpft sich die Einführung einer jeden Neuerung an die Vereinbarkeit mit dem Religionsgesetze." (2.10.1909) Im Islam wird die Welt in die muslimische Heimat (Dar-ul-Islam) und die Welt des Kampfes (Das-ul-Harb) eingeteilt. Eine Gleichstellung von Nichtmuslimen mit Muslimen gibt es in der Türkei nicht, denn die Türkei gehört zur Heimat der Muslime (Dar-ul-Islam).

Internationale Vergleiche und Berichte sind auf den Titelseiten häufig zu finden (42 %), vor allem Vergleiche mit führenden Konkurrenten wie England, Frankreich, USA, Holland. Ein gewichtiges Thema sind auch die Kolonien, die das Reich 1918 durch den

---

[10] Ludwig Ferdinand von Helmholtz, Professor in Königsberg, Bonn, Heidelberg und Berlin. Gründer und erster Präsident der Physikalisch-Technische Reichsanstalt, eine Vorläuferin der heutigen Helmholtz-Gemeinschaft.
[11] Seit 1871, Reichstag, nur Männer. Frauenwahlrecht für den Reichstag erst mit der „Verordnung über die Wahlen zur verfassunggebenden deutschen Nationalversammlung" vom 30. November 1918.

Versailler Vertrag verlor. In den einzelnen Kolonien sind die Bildungsverhältnisse unterschiedlich. Lob findet die deutsche Hochschule in Kiao-Chau, China, mit ihren Abteilungen für Medizin, Technik, Land- und Forstwirtschaft, Bergbau, internationales und Meeresrecht, politische Wissenschaften, Wirtschaft und Finanzen. Es ist eine Hochschule vor allem für die chinesische Bevölkerung der Kolonie, ein Vorzeigeobjekt (3.7.1909).

The Times 1900–1909: Empire, Kolonien, Militär
Im Januar 1900 zelebriert die Times mit großem nationalen Stolz die „English Education Exhibition" in London, eröffnet vom Education Committee der Royal Commission als englischer Beitrag für die Weltausstellung in Paris. Die Ausstellung „brings about that the role to be filled by England in the great international exhibitions of 1900 shall be worthy of the marvelous progress and development in all branches alike industry, arts, and commerce that this country has achieved throughout the long and beneficent reign of her Most Gracious Majesty" (6.1.1900).

Hauptthemen sind auch in England die Dienste der Bildung für Industrie, Wirtschaft und Handel sowie die Organisation der Bildung im Konflikt zwischen Zentralisierung und Dezentralisierung. Zur Einheitlichkeit gehören curriculare Ziele und Inhalte sowie das Fächerspektrum, das zu Gunsten naturwissenschaftlicher, technischer und ingenieurwissenschaftlicher Fächer und zu Lasten der alten Sprachen Latein und Griechisch geändert werden soll. Ebenso geht es um die Qualität der Berufsbildung: „There is a keen conviction of the part of employers that's some really efficient system of industrial training is needed to meet the breakdown of the apprenticeship system. Boys are said to start ill-equipped in the first instance […]." (4.1.1902)

Auf dem Lande soll eine flächendeckende Volksbildung mit dem Ziel der Wirtschaftsförderung eingerichtet werden: „Lord Peel opened the sixth annual exhibition of work done under the Technical Education Committee of the Cambridgeshire County

Council at Cambridge." Cambridge County Council ist vorbildlich in der Umsetzung der neuen Gesetze in „the remotest corners of the country". Lokale Abendschulen und Dorfbibliotheken unterstützen die örtliche Industrie. Newton hat 150 Einwohner, die im letzten Jahr Metallgüter im Wert von 150 Pfund produzierten. „The net profit was 100 pounds." (7.4.1900) Newton kann mit dem Ausland konkurrieren. Hinter vielen Artikeln steht der Erhalt der Position Englands im globalen Wettbewerb – vor allem gegenüber den USA und Deutschland. „The Mosely Educational Commission leaves Southampton this morning, and in a course of a week or so will commence its inquiries into the education system of America." Auch hier geht es vor allem um technische und wirtschaftswissenschaftliche Bildung. „The results of their mission will justify the patriotic munificence of its organizer and host." (3. 10. 1903) Die britische Vormachtstellung ist politisch, wirtschaftlich, wissenschaftlich und militärisch herausgefordert.

Sehr viel Aufmerksamkeit richtet die Times auf die Kolonien des Empire. Sie stehen im Mittelpunkt des globalen Interesses. In Afrika geht es überwiegend darum, dass Bildung die indigene Bevölkerung zu ordentlicher und harter Arbeit anhält. Erst wenn die „Eingeborenen" gelernt hätten, Baumwolle anzubauen, könne später auch Bildung folgen (7.10.1905). Das College in Karthoum ist nach der Zerstörung der Stadt wieder aufgebaut[12]. „Now the city is rebuilt nicer than ever including the new college" (1.10.1904). Es betreibt unter anderem Forschung an Tropenkrankheiten. „In [...] Australia [...] the aborigines have been driven back and are quickly dying out [...]" (Ferguson 2003, S. 259). In Indien ist die Lage anders. Die Kolonisten sind eine winzige Minderheit von nur 0,05 %. Die Loyali-

---

[12] Nach der Niederschlagung der islamischen Mahdi Bewegung durch ein ägyptisch-britisches Heer in der Schlacht von Omdurman (unter Rivalität anderer Kolonialmächte).

tät der Eliten Indiens, das zu dieser Zeit auch weite Teile von Pakistan, Bangladesch und Burma einschließt, ist ein zentrales Problem. Es ist wichtig, indische Eliten für das Rechtssystem und die Verwaltung der Kolonie zu gewinnen. Daher werden auch Einrichtungen der Higher Education unterstützt: „Gifts to Bombay to establish a central College of Science." (3.10.1908) Bildung schließt die islamische Bevölkerung ein. „To refuse their reasonable demands would be to sow the seeds of mistrust which would one day bring a bitter harvest." (3.4.1909) Gute Nachrichten kommen auch aus der Kolonie Kanada, dort von der University of Toronto (7.7.1906) und vom „Committee on Technical Education" (2.4.1910), sowie vom Stand der Bildung weißer Siedler in Südafrika (1.10.1910).

Ein interessantes Schlaglicht auf Bildung in den Kolonien des Empire wirft Cecil Rhodes Testament. Rhodes[13] regelt testamentarisch Folgendes: „A good understanding between England, Germany and the United States of America will secure the peace of the world and educational relations of the strongest ties." (5.4.1902) Das Testament sieht deshalb Bildungsstipendien nicht nur für Engländer, sondern auch für Amerikaner und Deutsche vor. Das Rhodes Stipendium existiert heute noch. Im gleichen Testament verfügt Rhodes aber auch seinen Willen, Oxfords Oriel College[14] in ein angelsächsisches Rassenzentrum zu verwandeln. Die Universitäten sollen die Vorteile der Kolonien und der Einheit des Empire in den Köpfen der Studierenden verankern. Großbritannien solle die Welt beherrschen. Forderungen nach militärischen Übungen in Schulen und Hochschulen finden sich in der Times aber nicht nur in diesem Zusammen-

---

[13] Geschäftsmann, Minenbesitzer (Diamanten), Premierminister in Südafrika (Cape Colony). Namensgeber der Kolonien Nord- und Südrhodesien. Nordrhodesien heute Sambia, Südrhodesien heute Simbabwe.
[14] In der „List of Oriel College people" steht als Alumnus auch Cecil Rhodes: Undergraduate student in den Jahren 1873, 1876–1878, 1881: Politician, businessman and the effective founder of the state of Rhodesia.

hang, sondern verschiedentlich: „Compulsory military training at school would strengthen the manhood of the country morally and physically." (3.10.1908)

Auch Irland ist eine britische Kolonie. Grund und Boden gehören Engländern, die Wirtschaft ist Englisch, und das Bildungssystem ist eine britische Einrichtung. Ein irisches Bildungswesen existiert infolge gesetzlicher Verbote durch Cromwell (1655) und die „Penal Laws" (1695) nur in illegalen Nischen („Hedge Schools") und eine irische Selbstverwaltung der Bildungseinrichtungen wird auch Jahrhunderte später, in den Jahren nach 1900, immer noch von England abgelehnt.[15] „The University Scheme Dropped. The government has definitely abandoned the idea of introducing an Irish University Bill the present Session of Parliament." (6.4.1907) Auf irischer Seite ist die Empörung groß, die Stimmung ist kriegerisch. „The Bishop of Limerick insists that the only way in which Mr. Birrell[16] and his Cromwellian colleagues can be brought to terms is by an open declaration of war against the British Government." (5.10.1907) Dieser Krieg hat bis in die Gegenwart angedauert.

The New York Times 1900–1909: Stiftungen, Wettbewerb, Austausch

Einzigartig ist in den USA zu Beginn des Jahrhunderts das Aufkommen an enormen privaten Stiftungen und Hinterlassenschaften. Bis heute tragen *Yale, Harvard, Stanford, Vanderbildt, Rudtgers, Johns Hopkins* und andere Colleges und Universitäten den Namen ihrer Gründer und Stifter. Die Gelder dienen der Bezahlung von Gebäuden, Einrichtungen, Gehältern und Stipendien. Sie kommen nicht nur Universitäten, sondern auch Museen und Schulen zugute. Kurioserweise gibt es sogar in Einzelfällen Zuschüsse zu den geringen staatlichen Professorenpensionen. International sehen sich die besten Universitäten in Kooperation und in Konkur-

---

[15] Zur Geschichte des irischen Bildungswesen Raftery und Fischer 2014.
[16] Prime Minister in London.

renz, so mit Cambridge, UK, und mit der Humboldt Universität Berlin. Auch Lehreraustausch findet statt, so mit Japan.

Beth Low, Kandidat für das Bürgermeisteramt von New York City, platziert einen Brief in der New York Times unter der Überschrift „For Good Schools", gerichtet an Parteien, Öffentlichkeit und an unterstützende soziale Gruppierungen. Thema sind die Grundschulen in New York: „Most of all, it means that the City Government shall wage relentless war on every one who shall make one of these little ones to stumble." (5.10.1901) Heute lautet die entsprechende politische Parole „No child left behind".

Le Figaro 1900–1909: Laizismus, staatliches Bildungsmonopol, Gloire

Der Einfluss der katholischen Kirche auf Bildung und Bildungspolitik spielt zu Beginn des Jahrhunderts immer noch eine große Rolle und erzeugt leidenschaftliche Konflikte – nicht nur in Frankreich. Der Figaro (4.1.1902) argumentiert, dass die Durchsetzung eines staatlichen Bildungsmonopols den Pluralismus der Institutionen und Lehre ebenso untergrabe wie die Wahlfreiheit der Lehrer und Eltern zu entscheiden, wo und was die Kinder lernen sollen. Im internationalen Kontext findet sich nationaler Stolz über das Ansehen der Repräsentanten französischer Zivilisation (4.4. 1903). Am 7. Juli 1900 beschreibt der Figaro unter der Überschrift „Là-bas!" die herausragende Popularität der patriotischen französischen Professoren am „Collège Européen" in China. Dieser Umstand gibt Frankreich einen exzellenten Rang unter den europäischen Nationen in Zeiten beunruhigender Nachrichten aus China[17]. In Athen findet die „École d'Athènes" große Aufmerksamkeit (4.4. 1903). Diese Kunsthochschule wird für ihren Glanz und ihre Qualität überschwänglich gepriesen. Sie sei ein wahres Monument des französischen Philhellenismus und der französisch-griechischen Freundschaft, ein wunderbares Stück der großartigen Geschichte Frankreichs.

---

[17] Bezieht sich auf den sogenannten Boxer-Aufstand.

5.2.2 Zeitraum 1950 bis 2004

Anders lesen sich Artikel zu Bildung und Bildungspolitik in den letzten Jahrzehnten. Immer mehr soziale Probleme bestimmen den Tenor der Berichterstattung, nicht selten einhergehend mit Enttäuschung über mangelnde Erfolge der eingesetzten Bildungsmaßnahmen. Qualitätsverfall bei Lernenden und Lehrenden, Zustände von Gebäuden und Einrichtungen, das Missverhältnis zwischen Qualifikationsangebot und -nachfrage, Revolten, Unruhen, Vandalismus, die Finanzknappheit der öffentlichen Haushalte, die Bezahlung der Lehrkräfte, Stipendienknappheit, soziale Ungleichheit, Armut und Gesundheitsprobleme Studierender bestimmen den Tenor.

Frankfurter Allgemeine Zeitung 1950–2007: Gesamtschulen, Ungleichheit, Qualitätsmängel, Migration und Föderalismusquerelen
In der zweiten Hälfte des Jahrhunderts geht es in der Frankfurter Allgemeinen um den Niedergang der (humanistischen) Gymnasien, den Aufstieg und die Anerkennung von Gesamtschulen, die sinkende Qualität der Abschlüsse und der Lehre, um Über- und Unterversorgung des Arbeitsmarktes mit Akademikern, um die Achtundsechziger Revolte, um finanzielle Knappheit und Kürzungen, um den Grenznutzen von Bildungsinvestitionen, um Integrationsprobleme sozialer Klassen und Milieus im Allgemeinen und um Integrationsprobleme als Folge der Migration im Besonderen, um ethnische und soziale Zusammenstöße und immer wieder um die Blockaden und Rivalitäten des Bildungsföderalismus.

The Times 1950–2007: Niedergang, Knappheit, Streiks, Qualitätsmängel
In der Times findet sich in der zweiten Hälfte des Jahrhunderts ein andauerndes Klagelied von der Nachkriegszeit bis in die Gegenwart. Es geht um Kürzungen und Etatknappheit, um den schlechten Zustand der Gebäude und Einrichtungen, um ständi-

ge Streiks der unterbezahlten Lehrer, von denen gleichzeitig Wunder erwartet werden: „Intolerable conditions of sweated labour, members of a depressed class." (7.10.1959) Der Lehrermangel führt zur Anstellung von weiblichen Hilfslehrern unter unzureichenden Konditionen (3.7.1965; 1.1.1966). Viele Jahre nimmt die Durchsetzung von „Comprehensive Education" an Schulen und Universitäten großen Raum ein. Schluss mit der Trennung von Grammar und Technical Schools (4.1.1958). Auch Universitätsöffnung und -ausbau sind notwendig (3.7.1954). Diskutiert wird ebenfalls, Schulabschlusszeugnisse durch Abgangszertifikate zu ersetzen, die die Kompetenzen des Kindes bestätigen (4.1.1975).

Gleichzeitig jedoch wird befürchtet, dass die geringe Qualität der Absolventen und der Lehrer die Wettbewerbsfähigkeit des Landes untergrabe. Die Grundschulen stehen vor dem Zusammenbruch: „Primary education facing breakdown." (2.1.1965) Insbesondere aber gefährde die Unterversorgung mit technischen Kompetenzen die industrielle Wettbewerbsfähigkeit Englands (6.7.1957). Ein besonderes Sorgenkind ist auch der öffentliche Dienst: „The National Service is said to be nearly illiterate." (6.1.1951) Eine höhere Produktivität in Wirtschaft und Staat ist dringend erforderlich (4.10.1953). Dazu gehört das Verbot der verbreiteten Arbeit von Schülern, die diese vom Lernen abhält: „School children's part-time jobs a social evil." (5.1.1957) Die Entwicklung der Qualität der Bildung geht insgesamt abwärts, wobei paradoxerweise gleichzeitig die Noten immer besser werden (3.7.1976): „The spelling, punctuation, syntax and, in particular, handwriting of O- and A-level candidates seem to be getting worse." (4.4.1987) Selbst elementare Lesefähigkeiten sind nicht mehr selbstverständlich: „Learning to read to combat illiteracy becomes a key campaign issue." (4.1.1992) Und die Bildungseinrichtungen werden immer teurer (6.1.2007).

The New York Times 1950–2004: Rassentrennung, Armut, Föderalismus, Qualitätsmängel

In der New York Times gilt in den letzten Dekaden die Bildungsberichterstattung vor allem der Rassentrennung und der Gleichstellung beim Besuch von Schulen, Colleges und Universitäten. Erst in den fünfziger Jahren werden nach langen Kämpfen farbige Bürger zu den Universitäten zugelassen, nicht zuletzt auch auf der Grundlage von Gerichtsurteilen: „University bias banned. Judge orders U. of Alabama to Admit Qualified Negroes."(2.7.1955) Gleiche Urteile betreffen weitere Universitäten, so sechs Jahre später noch die Georgia University (7.1.1961). Die Armutsrate unter Schülern und Studierenden ist hoch und steigt an: „Poverty is crippling students' health and Learning." (5.10.1991) Die Bundesregierung legt immer wieder neue Programme vor, die jedoch keine ausreichende Wirkung entfalten. Nicht selten werden sie von den Einzelstaaten unterlaufen beispielsweise dadurch, dass Bundesgelder zwar gerne genommen, der Eigenanteil der Finanzierung daraufhin aber entsprechend gekürzt wird.[18] Die „task force" des Präsidenten „stipulated that the states should be required to maintain or increase their present support of education, not use the Federal aid to reduce their own share of school expenditures." (7.1.1961) Die Leistungsunterschiede zwischen den Schülern und Studierenden nehmen zu: „Two thirds of students fell below the level considered proficient by the Federal Government, and 37 percent fell below even basic reading ability. They could read little beyond simple words and sentences and could not draw conclusions from what they read." (7.4.2001)

---

[18] Dies ist auch in anderen föderalistischen Staaten wie Deutschland ein bekanntes politisches Verhalten.

Le Figaro 1950–2006: Streiks, Aufstände, Migration, Niedergang
Am 7./8.1.1950 beklagt Le Figaro, dass Frankreich seit 1935 keinen Nobelpreis mehr erhalten habe. Die meisten Preise gingen an Deutschland (38), England (28) und die USA (23). Frankreich habe zwar auch 17 Nobelpreise erhalten, davon aber 11 vor 1914. Wie ist das zu erklären? Es fehle an Geld, Personen, Gebäuden, Ausstattung. Am 5./6.10.1957 berichtet Le Figaro „L'Excès et le Manque" über fehlende Schulplätze zum Schuljahresbeginn: für 800.000 Neueinschulungen gibt es nur 600.000 Plätze. Halbtagsschulen sollen das Problem lösen. Auch in Frankreich geht es um die Stärkung der Naturwissenschaften, doch faktisch wachsen die Einschreibungen in den Geisteswissenschaften. Die Politik will den technischen Unterricht aufwerten, denn danach fragt der Arbeitsmarkt: „Un enseignement adapté a l'évolution technique." (4./5.7.1970)

Schulen und Universitäten wurden zu politischen Spielplätzen für Radikale. Streiks, Unruhen, Vandalismus und gewalttätige Rebellionen von Schülern und Studierenden bestimmen das Bild: „Inquiétude après l'attaque de lycées" (4./5.4.1998), „Le coup de fièvre des lycéens" (3./4.10.1998), „L'anarchie universitaire" (7./8. 4.1973). Schulen und Universitäten bieten weiterhin keine wirkliche Chancengleichheit: „Universités: le système français en accusation." (6./7.4.2002) Des Weiteren geht es erneut um die Abschaffung der Autonomie der Privatschulen der katholischen Kirche, später auch um Zusammenstöße mit islamischen Akteuren und Organisationen wegen Verstößen gegen den Laizismus im Bildungswesen.

Die Früchte all diese Fehlentwicklungen seien Inkompetenz und Narrenhaftigkeit, „imbécile", der Schüler und Studierenden, der Tod der jungen Seelen, „être légume", und der Untergang der Zivilisation, wie der Figaro düster feststellt (1./2.10.1983). Begleitet werden diese Themen von einer Dauerberichterstattung über finanzielle Kürzungen und Knappheit, den Verfall von Gebäuden und Einrichtungen, die extreme Überfüllung der Schulen und Hochschulen, immer weiter steigende Kosten bei gleichzeitigem Mangel an Stipendien und über zunehmende Arbeitsmarktprobleme auch der Abiturienten und Hochschulabsolventen. Ursache vieler Probleme ist nach Ansicht der Zeitung die französische Elite, die seit langem den Kontakt zur Bevölkerung verloren habe. Sie sei ein abgehobenes, homogenes Produkt der „grandes écoles", vor allem der École nationale d'administration (ENA). Diese Elite behandele das Volk wie der Schäfer seine Herde (1./2. Juli 1978).

6
Perspektiven und Konfliktlinien

Die Bildungspolitik unterstellt – zumindest öffentlich – einen kontinuierlich steigerbaren positiven Effekt verbesserter Bildung auf politische Partizipation und Loyalität, auf wirtschaftliches Wachstum und Wohlstand sowie auf sozial-kulturelle Integration vor allem sozialpolitisch definierter Gruppen. Tatsächlich zeigt die historische Entwicklung eine außerordentliche Erfolgsgeschichte des Bildungsstaates, wenn auch in langsamem Tempo über Jahrhunderte und Generationen. In den letzten Dekaden jedoch lassen sich Beobachtungen stagnierender Leistung von Bildungspolitik machen hinsichtlich wirtschaftlicher Erträge und der Verringerung sozialer Ungleichheit bei zugleich immer weiter gesteckten sozialpolitischen Erwartungen unter Globalisierungsdruck. Währenddessen sinkt die Aufmerksamkeit der Qualitätspresse für Bildung als zentrales politisches Thema.

Was sind die Perspektiven? Dieses letzte Kapitel setzt die Diskussion der meritokratischen Dilemmata fort. Es geht um Spannungen zwischen Bildungssouveränität und Globalisierung, um Konflikte zwischen Bildung als Bürgerrecht und Glücksstreben, als öffentliches und privates Gut, und um Bildung als Zivilreligion mit ihren Utopien und Dystopien. Ausgangspunkt ist die Lage Europas.

6.1 Europas neue und alte Geister

Es war ein faszinierendes und erschreckendes zwanzigstes Jahrhundert, das wie das 19. Jahrhundert einen enormen Fortschritt für die Masse der Bevölkerung in Europa brachte, aber auch einen zweiten dreißigjährigen Krieg und ungeheure Vernichtung. Es war ein Jahrhundert der Modernisierung auf vielen Gebieten, der steigenden Löhne und verfügbaren Einkommen, der immer größeren und bequemeren Wohnungen, der besseren Gesundheitsversorgung, sinkender Kosten für Nahrung und Kleidung, der wachsenden Versorgung mit langlebigen Konsumgütern. Es war auch eine Periode durchgreifender Transformation der Demographie mit einem langen Leben bei sinkender Bevölkerungsreproduktion und wachsender Masseneinwanderung. Das lange Leben führte immer früher in eine auskömmliche Rente. Das Bildungsniveau stieg unaufhörlich. Die Zahl der Studierenden wuchs allein in Deutschland von 35.000 auf mehr als 2,7 Mio. (Destatis 2015, Statistisches Bundesamt). Individuelle Mobilität wurde zum Massenereignis und -vergnügen. Es wurde selbstverständlich, viel Zeit und genügend Geld zu haben für Reisen, Kino, Presse, Radio, TV, Internet, für die endlosen Erweiterungen des Freizeitkonsums, des Sports, Tourismus und der Angebote anderer Freizeitindustrien. Die Frauenemanzipation veränderte die Arbeitsmärkte und Familienstrukturen massiv. Man entkommt den alten Gemeinschaften von Ortsgesellschaft, Familie, Religion, Nation leichter denn je. Das traditionelle Landleben und die kleinbäuerliche Landwirtschaft gingen unter, das moderne Leben ist städtisch und akademisch. Zeitgleich verringerte sich die soziale Ungleichheit: Vor dem Ersten Weltkrieg „the top 1 % of income earners had 19 % of income in France and Germany, and 20 % in Britain". Um 1980 hingegen hatte das reichste oberste Prozent der Bevölkerung Frankreichs (nur) noch 7 % Anteil (James 2003, S. 34).[1] Sicherheit, Wohlstand und Rechtsansprüche vertrieben erstmals in der Menschheitsgeschichte in immer mehr Ländern die historisch stets vorherrschende Existenzbedrohung und krasse Armut, erzeugten Unabhängigkeit und Individualismus.

Doch der Optimismus schwindet als Folge weltweiter Konkurrenz und der Wiederauferstehung alter Geister (James 2003). Europa ist nicht mehr der Mittelpunkt der Welt und der Weltgeschichte. Das wird zwar politisch und moralisch gutgeheißen, doch es schürt auch Angst vor Abstieg und Fremdbestimmung bei gleichzeitigem Widerwillen gegen Veränderungen der erreichten bequemen Lebenslage. Zugleich steht die klassische Lösung, soziale Probleme durch die Umverteilungsmacht des Staates zu bearbeiten, infolge der Globalisierung in Zweifel. Werden die verteilbaren Ressourcen weiterhin wachsen oder zumindest stabil bleiben? Oder kommen stattdessen die alten Geister ideologisch-moralisch geprägter, nationaler, religiöser und ethnischer Konflikte zurück, die Europa immer verheerend beherrscht haben? „As political conflicts began to deal more and more with moral choices and less and less with the technical application of income and wealth redistribution, the older view, however, came back." (James 2003, S. 5) Unter der zitierten Fahne von Moral und Ideologie anstelle besserer Lösungen finden sich radikale Linke, Rechte und religiöse Aktivisten in ihren Heilslehren zusammen – bei „fading realism" (James 2003, S. 5).

---

[1] In den achtziger bis Mitte der neunziger Jahre sind in der Mehrzahl der OECD Länder die Einkommensunterschiede (Gini-Koeffizienten) wieder gestiegen, aber nicht auf frühere Höhen. Danach sind in vielen Ländern die Einkommensunterschiede wieder zurückgegangen oder stabil geblieben, beispielsweise in Deutschland. http://www.oecd-ilibrary.org/sites/9789264125476-de/03/05/01/03-05-01-g1.html?itemId=/content/chapter/9789264125469-31-de&_csp_=77b4ce5ede4aea3079879f0386b75d03. Zugegriffen: 5. Oktober 2015.

Auch Tony Judts (2006) Bilanz des Jahrhunderts ist gemischt. Der Erste Weltkrieg hat Europa zerstört, das Ende des Zweiten Weltkriegs schuf die Bedingungen für ein neues Europa unter amerikanischer Hegemonie. Das europäische Geschichtsbewusstsein jedoch besteht aus Beschweigen, Selbstverherrlichung und Vergessen der nationalen Geschichten. Zum Ausgleich wurde Multikultur ein positiver Geschichtsmythos entgegen den tatsächlichen geschichtlichen Erfahrungen des Kontinents mit seinen Ideologien, Nationen, Ethnien, Religionen und Sprachen. Der Balkan versank in einem nationalistischen, ethnischen, religiösen Krieg unter alten hegemonialen Einflüssen. Nach dem Abzug der russischen Truppen aus Osteuropa und dem Wiedererstehen einer Vielfalt schwächerer Staaten war es für die alte Hegemonialmacht Russland leicht, die Grenze zur Ukraine mit Waffen neu zu ziehen. Westliche Nationen wie Belgien, England, Frankreich, Irland, Italien und Spanien haben mit Separationsbewegungen zu tun und leiden teilweise unter Bürgerkriegsterror.

Zeitgleich wuchs die Europäische Union durch Beitritte weiter. Das führte einerseits zum Machtzuwachs der Union und zur Zentralisierung Europas, andererseits aber auch zu endlos steigenden nationalen, regionalen und sozialpolitischen Umverteilungskosten bei schwacher demokratischer Basis der Entscheidungen und spürbaren nationalen Widerständen in Mitgliedsländern. Europa altert bei geringem Wirtschaftswachstum, hohen Sozialkosten, starker Einwanderung, großer Strukturungleichheit, sprachlicher wie kultureller Heterogenität und schwachen Nationalstaaten. Die EU ist der Ersatzstaat. Jedoch „Europa – die Europäische Union – ist kein Staat" (Judt 2006, S. 926), sondern eine Gemeinschaft passiver Bürger, die von ihnen unbekannten Bürokraten, Politikern und Richtern regiert werden. Sie ist eine Ansammlung von Staatsteilchen, genährt von der Illusion einer postnationalen und poststaatlichen Welt (Judt 2006, S. 928 f.). Europa erlebt auf dem Weg ins 21. Jahrhundert überwiegend friedliche Jahrzehnte, doch der Optimismus ist brüchig. Das gilt auch für Bildungspolitik und Bildungsstaat.

6.2 Bildungssouveränität und nicht-westliche Globalisierung

Die Entwicklung des souveränen Bildungsstaates begann in Europa vor einem halben Jahrtausend. Der Aufstieg erfolgte als Teil moderner europäischer Staatsbildung nach dem Westfälischen Frieden, vor allem aber mit der Durchsetzung der europäischen Nationalstaaten, der bürgerlich demokratischen Gesellschaft und der kapitalistischen Wirtschaftsform. Zu Beginn des zwanzigsten Jahrhunderts erreichte der Bildungsstaat in den fortgeschrittenen Ländern seine volle Entfaltung mit umfassender rechtlicher Regelungsmacht und Finanzierung der Bildung aus Steuermitteln, mit (fast) lückenloser Beschulung der Bevölkerung, mit der immer weitergehenden Öffnung von höherer Bildung und Hochschulbildung sowie mit wachsenden individuellen und volkswirtschaftlichen Bildungserträgen. Bildung wurde wegen ihrer vielfältigen staatlichen, gesellschaftlichen und individuellen Bedeutung ein Politikum von hohem Rang.

Trotz aller Erfolge aber ist die Souveränität des Bildungsstaates immer umkämpft geblieben. Zu den Konflikten gehören die globale Beseitigung des Analphabetismus mit Durchsetzung der Schulpflicht und höherer Bildung, die kollidierenden Ansprüche religiöser und weltlicher Mächte, die Konkurrenz von Privatschulen und öffentlicher Schulversorgung, die Rivalität zwischen hierarchisch gegliedertem und inklusivem Bildungssystem, der Streit um Art, Qualität und Selektivität von Bildungsabschlüssen und die Instrumentalisierung von Bildung für immer vielfältigere Zwecke. Nicht zuletzt steht heute die Frage der Unterwerfung nationaler Souveränität unter supranationale Einflüsse aus der

Europäischen Union, der OECD, der UNESCO, der Weltbank oder internationaler Gerichte auf der Tagesordnung. Doch noch sind Souveränitätskonflikte kein anachronistisches Problem, aufgegangen in der Europäischen Union, in der Weltgemeinschaft, universalen Menschenrechten, weltweiter Demokratisierung, Individualisierung und Privatisierung.

Die Globalisierung führt nicht zwangsläufig das Ende des souveränen Staates oder des Bildungsstaates herbei. Schon die jahrhundertelange Ausdehnung europäischer Imperien stand nicht zufällig im Wechselspiel mit der Stärkung von Nation, Nationalismus und Nationalstaat. Souveränität sollte gegen von außen kommende Übermacht schützen. Der souveräne Bildungsstaat ist nicht obsolet geworden, der machtlose Staat ist ein Mythos. Es geht immer noch um die nationale Gestaltung von Bildung als Mittel politischer Macht und Loyalität, als Förderinstrument von Wirtschaftswachstum und Wohlfahrt und als Ort sozialer und kultureller Integration. Und es geht weiterhin um den Erhalt nationaler Möglichkeiten intensiver Einflussnahmen von Parteien, Klassen, Religionsgemeinschaften und sozialer Bewegungen auf einzelne Staaten und deren Bildungspolitik.

Nationale und internationale Dynamiken stehen immer in einem Wechselverhältnis. Alle Länder instrumentalisieren Bildung als Mittel zur Herbeiführung der gewünschten nationalen Entwicklung. Die politische, ökonomische, technische, soziale und kulturelle Nützlichkeit von Bildung wird überall hoch geschätzt. Es besteht Schulpflicht und ein Recht auf Bildung. Bildung wird professionell gelehrt in standardisierten Institutionen mit wissenschaftsbasierten Lehrplänen, festgelegten Abschlüssen und Anforderungen. Öffnung und Ausbau höherer Bildung und der Hochschulbildung kommen überall voran. Inklusions- und Gleichstellungsprinzip sind zumindest als Rechtsnorm verbreitet. Global einheitlich ist vor allem das Vertrauen in die starken politisch-ökonomischen Wohlfahrtseffekte von Bildung als Determinanten wirtschaftlichen Wachstums. Dafür stehen primär die Hochschulen, die deshalb auffallend isomorphe Züge besitzen hinsichtlich Wissenschaftlichkeit, Fächerspektrum, Abschlussarten, Organisationsformen, Professionalisierung des Personals und akademischem Arbeitsmarkt.[2] Im Vergleich dazu findet sich an Vorschulen und Schulen weltweit ein stärker national, regional, religiös, ideologisch unterschiedlich gefärbtes Interesse an „cultural reproduction and identity formation" (Green 2013, S. 3).

Alle Länder sind zugleich Teile eines dichten Netzes internationaler Organisationen, das internationale Vergleiche veröffentlicht und damit Maßstäbe für gute Bildung setzt. Die wachsende Zahl professioneller Akteure aus Industrie, Handel, Banken, Transport, Kommunikation, Recht, Technik und Wissenschaft verbreitet weltweit isomorphe Bildungsrationalität und Professionshabitus. Nachgefragte Qualifikationen und Kompetenzen setzen sich grenzenlos durch. Deshalb kommt es zu einer wirkungsvollen Einflusszunahme globaler Erfolgsmodelle und internationaler Experten auf nationale Pfade in enger Anbindung an die universale Entwicklung von Wissenschaft, Technik, Wirtschaft und Kommunikation (Meyer und Ramirez 2005; McEneaney und Meyer 2000).

Doch die Welt ist im Übergang von europäisch und westlich dominierter Globalisierung in eine stärker auch von nichteuropäischen Staaten und Akteuren betriebene Globalisierung. Diese Transformation bestimmt die Perspektiven zukünftiger Bildungspolitik. Exemplarisch dafür ist die schnelle wirtschaftliche Entwicklung asiatischer Länder in Verbindung mit Bildungssouve-

---

[2] Aus der Fülle der Literatur: „International Handbook of Higher Education" (Forest und Altbach 2006); „Higher Education in a Global Society" (Johnstone und D'Ambrosio 2010); „The International Imperative in Higher Education" (Altbach 2013); „Building Global Education with a Local Perspective" (Francois 2015); „Academic Work and Careers in Europa […]" (Fumasoli et al. 2015). Als Handbuch Zajda 2005.

ränität und Bildungspolitik. Es gibt einen nahezu linearen Zusammenhang zwischen deren Abschneiden bei internationalen Vergleichstests in Mathematik und Naturwissenschaften und dem Wachstum des Bruttoinlandsprodukts. Voran gehen Japan, Korea, Taiwan, Singapur, China, es folgen Indien, Sri Lanka und die Philippinen. Auch im Hinblick auf Bildungsteilnahme, Bildungsabschlüsse und Bildungserträge liegt Asien an der Spitze der OECD und der Welt hinsichtlich Bildungsausgaben in einer guten Mittellage. Abgeschlagen hingegen sind die südamerikanischen Länder Argentinien, Brasilien, Chile, Mexiko, Venezuela (Hanushek und Wößmann 2015). Die entscheidende Rolle starker Bildungsstaaten liegt in allen Fällen primär in der Förderung der jeweiligen nationalen Industrialisierung, weniger in der Demokratisierung (Green 2013, S. 283 f.).[3]

Zu Beginn des zwanzigsten Jahrhunderts stand die Welt im Zeichen global herrschender europäischer und westlicher Hegemonialmächte. Bildungspolitik war ein nicht in Frage gestellter Kern des westlichen Staatsverständnisses von Souveränität und Autonomie. Heute, einhundert Jahre später, sind nur noch die Ruinen europäischer Vorherrschaft erhalten. „When the twentieth century opened European power in Asia and Africa stood at its Zenith. Sixty years later only the vestiges of European domination remained. […] No single theme will prove to be of greater significance than the economic renaissance of East Asia." (Arrighi 2007, S. 1)

Lassen sich die weitgesteckten oder entgrenzten Heilsversprechen der Bildungspolitik aus den Hochzeiten hegemonialer westlicher Prosperität und Macht wie gewohnt aufrechterhalten unter absolut oder relativ stagnierenden oder eventuell sogar schrumpfenden Ressourcen semisouveräner, abhängiger, polymorpher Wohlfahrtsstaaten? Der Wohlfahrtsstaat hat ein fürsorg-

---

[3] Zur Diskussion von Schulbildung, Wissen und Demokratie siehe Stehr 2015, S. 102–110.

liches Lebenslaufregime von der Geburt über Familie, Bildung, Arbeit und Rente bis zur Bahre geschaffen mit einer sehr langen Bildungsperiode (Weymann 2009). Wenn dieses schützende Regime gefährdet sein sollte, wie wird die seit Generationen an Wachstum und Fortschritt gewöhnte Bevölkerung der westlichen Demokratien, wie wird die zugewanderte Bevölkerung (Collier 2013) auf die Enttäuschung reagieren?

6.3 Bildung als privates und öffentliches Gut: Freiheit und Gleichheit

Für das Bildungssystem wären die erwartbaren Folgen wahrscheinlich verheerend. Das meritokratische Bildungssystem mit seiner bürgerlichen Vorstellung der fairen Belohnung von individueller Bildungsleistung mit beruflichem Erfolg und gesellschaftlichem Status verlöre an politischer Glaubwürdigkeit und demokratischer Unterstützung. Nur die im Bildungssystem Erfolgreichen stünden dann noch hinter dem Gerechtigkeitsprinzip der Meritokratie, weil es ihnen persönliche Vorteile verschafft. Alle anderen votierten für Parteien, die die Abschaffung der Meritokratie zugunsten egalitär eingeebneter Abschlüsse betreiben. Sind letztere in der Mehrheit, würde eine solche Entwicklung die Leistungsfähigkeit des jeweiligen nationalen Bildungssystems im internationalen Wettbewerb untergraben. „The more citizens have a stake in the expanding higher education system, the more education becomes egalitarian and less meritocratic: […] democratic decision making creates pressures for an egalitarian allocation." (Gradstein 2004, S. 803)

Das Dilemma von Bildung als öffentlichem und privatem Gut ist nicht nach einer Seite hin auflösbar, weil man sonst das Selbstbild der demokratischen Gesellschaft, *zugleich* frei, gleich und gerecht zu sein, aufgeben müsste. Bildung soll einerseits ein öffentliches Gut sein, garantiert durch ein Bürgerrecht auf Bildung und öffentliche Finanzierung; andererseits sollen Bildungswahl und die Entfaltung der individuellen Möglichkeiten frei sein. Als Folge koexistiert die Anerkennung inklusiver Chancengleichheit und Gleichstellung im Bildungswesen immer mit der exklusiven Wahrnehmung individueller Bildungsvorteile im eigenen Glücksstreben und dem der eigenen Kinder. Das gilt auch für die engagiertesten politischen Gleichheitskämpfer, leidenschaftliche Reformpädagogen und Gerechtigkeitsforscher, die (nicht nur) in Sachen Bildung energisch und professionell Vorteile für sich und ihre Kinder suchen und finden.

Begünstigt werden die Erfolgsaussichten von Sonderinteressen im Bildungswesen (aber nicht nur dort) dadurch, dass sich kleine Personengruppen leichter organisieren lassen als große. Die Gründung von privaten Kindergärten, Schulen und selbst Hochschulen ist einfacher zu realisieren als der auch nur zeitweise Sieg im fortwährenden Kampf um die Gestaltung der öffentlichen Bildung. Deshalb sind Gesellschaften nach langen Friedens- und Wohlstandszeiten durch zahllose gut organisierte und professionell durch Steuerberater, Anwälte, Politiker, Medienakteure unterstützte Sonderinteressengruppen geprägt, die sich auf die Reduzierung des Kostenbeitrags für öffentliche Güter spezialisiert haben, auch um den Preis, das Gemeinwohl zu schädigen. Es handelt sich hierbei um eine stille, aber große und überparteiliche Koalition (Brennan und Buchanan 1993; North 1992; Olson 1985).

Institutionsökonomen und Wirtschaftssoziologen erklären die extremen Unterschiede in der wirtschaftlichen Entwicklung der Länder der Erde nicht zuletzt durch das jeweilige Verhältnis von wirtschaftlichen, politischen, rechtlichen und Bildungsinstitutionen.[4] In Ländern mit vorherrschend extraktiven Ge-

---

[4] Clark 2007; Eichengreen 2007; Fligstein 2001; Hall und Soskice 2001; Kindleberger 1996; Mielants 2007; Nee und Sweberg 2007; North 1992; Olson 1985; Pomeranz 2000; Sassen 2006; Tilly 1992.

sellschaftsformen sind alle Institutionen auf die Bedürfnisse der Eliten zugeschnitten, während inklusive Institutionen von breiter politischer und wirtschaftlicher Partizipation leben. Extraktive Institutionen begünstigen plündernde Eliten, inklusive Institutionen hingegen partizipative Gesellschaftsformen (Acemoglu und Robinson 2012, 2014). „There is a strong synergy between economic and political institutions", ein „feedback loop" (2012, S. 81). Nur inklusive Institutionen machen für die Masse der Bevölkerung langfristige Investitionen in Berufskompetenzen, Bildung, Wissenschaft und Technologie ertragreich und damit sinnvoll (2012, S. 429 f.).

Die Spannungen zwischen öffentlichen und privaten Gütern, Freiheit und Gleichheit lassen sich für die europäische Bildung und Bildungspolitik gut mit einem Klassiker beschreiben. Nach Thomas Marshall (1992) sind in Europa drei historische Stufen der Entstehung und Festigung von *Staatsbürgerrechten* zu unterscheiden: bürgerliche, politische und soziale Rechte[5]. Die frühesten, *bürgerlichen Rechte* betreffen die Freiheit der Person, des Vertragsabschlusses, der Teilhabe an den Angeboten des Marktes. Die nachfolgenden *politischen Rechte* betreffen die Partizipation an der Macht, die politische Freiheit. *Soziale Rechte* schließlich bestimmen den Einschluss in Wohlfahrt und soziale Sicherheit, die Teilhabe am kulturellen Erbe und an Erziehung und Bildung. Durch Bürgerrechte wird für die Masse der Bevölkerung eine langfristige Lebensplanung möglich.

Doch der Staatsbürgerstatus beinhaltet auch einen Spannungszustand zwischen bürgerlichen, politischen und sozialen Rechten. Soziale Rechte schränken die Freiheit der Akteure ein und reduzieren oder beseitigen den Einfluss des Marktes und der Preise. Soziale Rechte erzeugen auch selbst Ungleichheit und Ungerechtigkeit. Die Zuerkennung von Rechten bedeutet Inklusion

---

[5] Die Einheitlichkeit der historischen Abfolge dieser Rechte in westlichen Ländern und deren inhaltliche Gleichförmigkeit sind umstritten.

mit Transferanspruch, die Nichtzuerkennung bedeutet Exklusion mit Zahlungspflichten. Hier liegt dauerhaftes Konfliktpotential zwischen Bevölkerungsgruppen und Generationen sowie deren Interessenvertretern und Repräsentanten. Soziale Rechte ermöglichen zudem den Wettbewerb um die maximale Ausbeutung der Rechtsansprüche auf öffentliche Leistungen. Dahrendorf bezeichnet den daraus entstehenden Zusammenstoß der Interessen als den neuen sozialen Konflikt (Dahrendorf 1992, S. 8). Diese moderne Form des sozialen Bürgerkrieges ergänzt den politischen Krieg um die Macht und den ökonomischen Krieg auf dem Markt.

Schon Humboldt und Schumpeter stellten im gleichen Sinne fest, dass der moderne Staat ein Janusgesicht hat. „Es entsteht nun ein neuer und gewöhnlicher Erwerb, Besorgung von Staatsgeschäften [...]" (Humboldt 1967, S. 46). „Daher nimmt in den meisten Staaten von Jahrzehnt zu Jahrzehnt das Personale der Staatsdiener und der Umfang der Registraturen zu und die Freiheit der Untertanen ab." (1967, S. 47) Der Staat, so sieht es auch Schumpeter, ist „zum Zentrum von Personen geworden, die die Staatsmaschine bemannen und deren Interessen in ihr ihren Mittelpunkt finden" (Schumpeter 1918, S. 23), wobei sie durch ständig neue Aufgaben die Kosten dieser Maschine auch selbst immer weiter in die Höhe treiben. Der Staat bringt aus eigenem Interesse einen umfangreichen Apparat von Bürokraten und Professionellen hervor, der an seiner Ausdehnung und Macht arbeitet, indem er eine vielfältige Klientelisierung vom Bildungswesen über Medizin, Altersversorgung und Sozialhilfe bis zu zahllosen ökologischen und anderen Subventionen betreibt. Zugleich wird aus der ursprünglichen Laienklientel mit der Zeit ein wachsendes, organisiertes und geschultes Heer professionell unterstützter Experten in eigener Sache. Die Bürger haben gelernt, die Rechtsansprüche und Finanztöpfe des Staates im Verteilungskampf zum jeweils eigenen Vorteil optimal auszubeuten.

Der Kampf um Vervollkommnung des Bürgerrechts auf Bildung bei gleichzeitiger Verfolgung der je eigenen Bildungsvorteile ist nur ein Spezialfall des Dilemmas von Privatgut und öffentlichem Gut, Gleichheit und Freiheit. Das Dilemma ist zwangsläufiges Ergebnis der modernen Bildungsgesellschaft, in der individuell erworbene meritokratische Zertifikate zum Auswahlkriterium für die Verteilung irdischer Güter gemacht wurden anstelle der Gnade Gottes, ererbter Geburtsprivilegien oder reiner Macht. Je offener der Bildungszugang wurde, je mehr Bürger in immer höheren Bildungseinrichtungen eingeschrieben sind, desto intensiver konkurrieren sie untereinander. Als Folge daraus erstarkt der Konflikt zwischen inklusiven Gleichheitsversprechen hinsichtlich Bildungschancen und Bildungsergebnissen einerseits und den unvermeidlich differenzierenden Folgen der Bildungsfreiheit bei der Glücks- und Vorteilssuche von Eltern und Kindern andererseits. Die Regeln des konfliktreichen Spiels werden vom Markt der Ökonomie und vom Markt der Politik bestimmt: Als Konsument wie als Bürger wählt die Bevölkerung den für ihre jeweiligen Zwecke günstigsten ökonomischen und politischen Anbieter bei rhetorischer Aufrechterhaltung universaler Egalitätsnormen. Es ist eine öffentliche Wahl, public choice.[6] Im Ergebnis geht bei immer egalitäreren Normen zugleich auch der Wettkampf weiter, denn andernfalls müsste man die Chancen der Meritokratie für sich und die eigenen Kinder aufgeben. Die moralpolitisch in Demokratien schwer tragbare Konsequenz ist: „Someone has to fail" (Labaree 2010).

---

[6] Zur Ideen- und Theoriegeschichte von Kollektivgütern, öffentlichen Gütern und public choice siehe Weymann 2010.

6.4 Zivilreligion Bildung: Utopie und Dystopie

„Die Geschichte aller bisherigen Gesellschaft ist die Geschichte von Klassenkämpfen." (Marx und Engels 1966, S. 59) „Aber die Bourgeoisie hat nicht nur die Waffen geschmiedet, die ihr den Tod bringen; sie hat auch die Männer gezeugt, die diese Waffen führen werden – die modernen Arbeiter, die Proletarier." (1966, S. 64) „An die Stelle der alten bürgerlichen Gesellschaft mit ihren Klassen und Klassengegensätzen tritt eine Assoziation, worin die freie Entwicklung eines jeden die Bedingung für die freie Entwicklung aller ist." (1966, S. 77)

Marx' Geschichtsbild ist eschatologisch und apokalyptisch. Es unterstellt, dass Geschichte ein Ziel hat: Nach der Apokalypse mit Sieg im Klassenkampf kommt das irdische, menschengemachte Paradies. Das ist säkularisierte Erlösungsreligion. Aus dunklen Zeiten kommend werden die auserwählten Menschen mit einem glücklichen Leben erlöst. Diese Art säkularer Fortschrittsgläubigkeit begann im 16. Jahrhundert mit großartigen Utopien des perfekten irdischen Lebens, das versteckt auf fernen und zuvor unentdeckten Inseln[7] angesiedelt wurde: Thomas Morus' Utopia, Campanellas Sonnenstaat, Bacons Neu-Atlantis (Heinisch 1960). Solche Erzählungen begleiteten die reale Durchsetzung europäischer Imperien auf dem Globus. Sie waren der Chorus der Zeitendeuter bei der Eroberung der Meere und fremder Kontinente. In Utopia findet Geschichte ihren perfekten Abschluss. Etwas Neues und Besseres kommt nicht mehr.

Doch Marx' Versprechen des utopischen Paradieses haben sich nicht verwirklicht. Stattdessen setzte sich das Modell bürgerlicher und kapitalistischer Rationalität immer weiter durch. Immer mehr Länder der Welt ziehen noch immer nach, kopieren erfolg-

---

[7] Heute werden Utopien und Dystopien gerne auf fernen und zuvor unentdeckten Sternen angesiedelt.

reich das westliche Modell und treten in Wettbewerb auf immer weiteren Gebieten. Relativ zu den neuen Konkurrenten steigt Europa ab. Auch die USA haben den Höhepunkt der Dominanz überschritten. Das ist historisch eine neue Situation.[8] Wie erklärt man sie der großen Mehrheit der westlichen Bevölkerung, die sich an die Machbarkeit des irdischen Fortschritts und die eigenen Privilegien im globalen Vergleich gewöhnt hat, auch wenn sie diese moralisch und politisch kritisiert? Erwartungsunsicherheit und enttäuschte Hoffnungen schüren Zukunftsangst. In anderen Teilen der Welt hingegen findet das europäische Fortschrittsmuster immer neue Anhänger. Es gebiert zugleich den Willen, die eigenen Interessen und die eigene Erzählung von Herkunft, Geschichte und Zukunft durchzusetzen.

Europäische und westliche Expansion und Fortschrittsglaube verbanden sich schon immer mit Skepsis. Die Fortschrittsgewissheit speiste sich aus den einzigartigen Verbesserungen des Lebens breiter Bevölkerungskreise der führenden Länder (Kocka 2001; Lenger 2003; Zapf 1996; Zapf et al. 1996), die Skepsis wuchs aus dem Kontrast zwischen utopischen Erwartungen und beobachtbarer Realität. Diese Mischung *utopischer* und *dystopischer* Vorstellungen existiert auch hinsichtlich Bildung und Bildungsstaat. Die *utopische*, optimistische Variante eines im Prinzip unbegrenzt machbaren Fortschritts durch Bildung ist politisch absolut dominant. Sie ist unverzichtbarer Kern der Zivilreligion Bildung. Ohne dieses Heilsversprechen würde Bildungspolitik ihre starke Rolle in Staat und Gesellschaft einbüßen. Bildung ist hier Teil universaler Modernisierung. Diese Annahme folgt der Aufklärung und den klassischen Modernisierungstheorien.[9]

---

[8] Zur Diskussion um „Zukunft" oder „Sterben" des Kapitalismus siehe Wallerstein et al. 2014. Interessant ist hier allein schon der Begriffsunterschied von Zukunft und Sterben zwischen dem englischen Originaltitel (2013) und dem der deutschen Ausgabe (2014).
[9] Als Modernisierungstheorie wird die Annahme bezeichnet, dass die globale Entwicklung dem westlichen Muster des Fortschritts folgt. Mit dem Dominanz-

David Baker (2014) sieht die global geschulte Gesellschaft kommen. Sie ist ein entscheidender Fortschritt der Menschheit. Dem Bildungsfortschritt vom Analphabetismus bis zur gegenwärtigen Akademisierung kommt der gleiche historische Stellenwert zu wie der Transformation der Wirtschaft durch Kapitalismus und der Politik durch Demokratie. Bildung erzeugt eine akademisierte Weltkultur, eine globale Wissensgesellschaft. Mit ihrer Gründung in Rationalismus, Forschung, wissenschaftlicher Bildung und meritokratischer Gerechtigkeit ermöglicht die Wissensgesellschaft die Entstehung einer Vielzahl neuer politischer Arenen jenseits der alten Parteien, Nationen und Klassen. Sie fördere, um Bakers englische Begriffe zu benutzen, reflexivity, skepticism, greater social networks, high level of political action, sophisticated social movement techniques, global and abstract topics, human rights (Baker 2014, S. 251–253). Sogar die monolithischen alten Religionen werden unter dem Einfluss globaler Akademisierung aufgelöst in kleinere und rationalere Religionsgemeinschaften von größerer Toleranz, zu denen sich Gläubige in freier Wahl verhalten.

Bildung als Zivilreligion trifft auf Bakers optimistische Beschreibungen und Zukunftsvorstellungen gut zu: Die Schulung der Bevölkerung, vor allem deren akademische Bildung, transformiert die Zivilisation weltweit in einer außerordentlich segensreichen Weise. Sie ist Erlösung von alten Plagen der Menschheit. Ob Bakers Utopie einer globalen akademischen Zivilisation (Baker 2014, S. 18) wirklich eintreffen wird und ob das Eintreffen der Prognose von der Menschheit einstimmig begrüßt werden würde, ist allerdings ungewiss. Es kann auch sein, dass dieses Utopia wie schon andere Utopien zuvor, die eigene Apokalypse erzeugt. Andere Utopien des Fort-

---

verlust des Westens wurde sie umstritten. Typisch dafür die aufklärungskritische Bibel der Achtundsechziger, „Dialektik der Aufklärung" (Horkheimer und Adorno 1947).

schritts von Politik, Wirtschaft, Recht, Wissenschaft, Kultur gingen einher mit massiven Gegenbewegungen. Ausgelöst durch Orientierungslosigkeit, Entfremdung, Abstiege als Folge massiven sozialen Wandels (Weymann 1998), kam es zur Flucht in Nationalisierung, Ethnisierung, religiösen Fundamentalismus oder einfach zum inneren und äußeren Ausstieg der Dissidenten, Zurückgebliebenen und Verlierer (Bayly 2004). Seit Jahrhunderten hat die europäische und westliche Moderne den Globus in ihrem Sinne transformiert, aber immer hat sie zugleich Gegenkräfte hervorgerufen, darunter besonders geschichtsmächtige wie Faschismus, Kommunismus und religiöse Erweckungsbewegungen.

Eine musterhaft *dystopische*, pessimistische Sicht auf die Entwicklung von Bildung und Wohlfahrt sieht den Kapitalismus vom Industrie- und Finanzkapitalismus zum Humankapitalismus transformiert. Humankapitalismus macht die Menschen nicht gleicher, sondern ungleicher. „The main determinant of who succeeds and who gets left behind […] is possession of human capital." (Lindsey 2013, S. 3) Viele scheitern mit ihren mentalen Fähigkeiten an den steigenden Herausforderungen. Und je schneller und weiter die Herausforderungen steigen, desto größer ist die Zahl der Überforderten. Denn der Besitz von Humankapital ist durch Bildung nicht schnell beliebig vermehrbar. So wachsen seit Jahrzehnten in den USA Hochschulbesuch und Abschlusszahlen kaum noch, obwohl immer mehr Geld in Bildung fließt. Seit 1973 haben sich in den USA die Bildungsausgaben real verdoppelt, dennoch steigen die Abbruchszahlen, während die Qualität der Bildung und die Bildungserträge sinken. Selbst nach einem Hochschulabschluss arbeitet die Hälfte der Absolventen in Jobs ohne höhere Bildungsanforderungen. Die Effekte spezieller Kompensationsprogramme für benachteiligte Bevölkerungsgruppen sind schwach. Der Übergang zur inklusiven Einheitsschule hat diese Probleme nicht gelöst, es wurde lediglich die Intergruppenvarianz durch Intragruppenvarianz ersetzt. Mit anderen Worten: Statt großer Unterschiede zwischen Schultypen gibt es jetzt große Unterschiede innerhalb der inklusiven Schulen bei sinkender Qualität der Bildung insgesamt.

In *Dystopien* sind bildungspolitische Reformen häufig Ausdruck von „hubristic ambitions of social engineering" (Lindsey 2013, S. 104). Sie scheitern in ihren Bildungszielen bei extremen Kosten und Verschuldung. Der Anstieg der Verschuldung[10] im Wohlfahrtsstaat ist atemberaubend (Eberstadt 2012; Voegeli 2010[11]). Und während der Staat immer höhere Schuldenberge anhäuft, werden die Bürger zu Wohlfahrtsempfängern. Die Abhängigkeit vom Wohlfahrtsstaat reicht selbst in den USA mit einer Quote von über 50 % bis weit in die Mitte der Bevölkerung hinein. Nur die Spitze der Einkommenspyramide ist bislang verschont geblieben. Die Rechnung geht an die nächste Generation. „[…] the moral heart of this fiscal challenge is […] a dangerous combination of self-interest, myopia, and denial." (Eberstadt 2012, S. 97) Die fatale Devise im public choice der Mehrheit und ihrer politischen Fraktionen lautet „Never enough"[12] (Voegeli 2010).

Utopie und Dystopie sind Bildung und Bildungspolitik als Zivilreligion inhärent. Im *utopischen* Verständnis gestaltet Bildung eine fortschrittliche, gute, harmonische, solidarische, friedliche, wohlhabende, sichere, multikulturelle, diverse, gendergerechte Gesellschaft, ein irdisches Paradies nach den Vorstellungen der jeweiligen Zeit. Die *Dystopie* dagegen steht für die kalte Gesellschaft der Ungleichheit, der Klassen, Rassen und

---

[10] International wuchs die Verschuldung länderweise unterschiedlich. Im OECD Durchschnitt stieg sie im Zeitraum 1997–2010 von 73,5 auf 97,6 % des BIP. http://dx.doi.org/10.1787/9789264125476-de. Zugegriffen: 15. August 2015.
[11] Voegeli beziffert die Steigerung der Wohlfahrtsausgaben der USA (Human Resources) zwischen 1940 und 2007 (bei konstanten Preisen, Jahr 2000) auf das 35fache, von 40,6 auf 1421,9 Mrd. (Voegeli 2010, S. 23 ff.).
[12] „Never enough" erinnert an Webers „letzten Zentner fossilen Brennstoff": Es gibt in beiden Dystopien keinen Mechanismus der Selbstbeschränkung, nur die Apokalypse als Finale.

Geschlechter, die sich durch Bildung reproduziert nach den Ideen und Interessen der jeweils Herrschenden. Im weniger radikalen Fall geht es um das Ergebnis (neo)liberalen Wettbewerbs der Tüchtigen im *pursuit of happiness* (Young 1958).[13]

In Bildung und Bildungspolitik gibt es eine Vielzahl von Ideologien und Aktivisten, die mit zivilreligiösen Deutungsmustern und Erzählungen arbeiten. Doch so apokalyptisch wie andere politische Themen von AKW über Gentechnik bis Klimawandel ist Bildungspolitik nicht. Dazu fehlt trotz aller gegensätzlichen Interessen, Ideen und Ideologien in der Regel der *dystopische* Glaube an Drohungen mit dem totalen und endgültigen Untergang der Menschheit bei schlechter oder als schlecht deklarierter Bildungspolitik ebenso wie der *utopische* Glaube an die finale Erlösung durch gute oder als gut deklarierte Bildungspolitik. Anders als bei anderen politischen Themen ist jeder Bürger über lange Zeiten seines Lebens zum Quasi-Experten in Sachen Bildung und Bildungspolitik geworden. Er neigt aus Erfahrung zur Skepsis gegenüber apokalyptischen Drohungen und chiliastischen Heilsversprechungen der Bildungspolitik. Stattdessen bewegt er sich im Dschungel alltäglicher individueller und organisierter Interessenverfolgung, konkurrierender Ideen und Institutionen. Das verschafft Bildung und Bildungsstaat zwar eine Flut demokratischer Dauerkonflikte, aber keinen apokalyptischen Krieg mit Endzeitversprechen.

6.5 Postscriptum

In Bildung steckt trotz aller Interessengegensätze, Machtkämpfe und Ideologien ein unausrottbares Element von Aufklärung. Bildung steht immer noch für Kants optimistische Formulierung

---

[13] Siehe Michael Youngs schon genannte Kritik an der perfekten Meritokratie (siehe Fußnote 2 im 2. Kapitel).

aus dem Jahre 1784: „Aufklärung ist der Ausgang des Menschen aus seiner selbstverschuldeten Unmündigkeit. Unmündigkeit ist das Unvermögen, sich seines Verstandes ohne Leitung eines andern zu bedienen." ‚‚Sapere aude! Habe Mut, dich deines eigenen Verstandes zu bedienen!' ist [also] der Wahlspruch der Aufklärung." (Kant 1999, S. 20)

Wie Kant zugleich feststellte, sind „Faulheit und Feigheit" die Ursachen, „warum ein so großer Teil der Menschen [...] dennoch gern zeitlebens unmündig bleiben" (1999, S. 20). Es gibt Zeiten, in denen sich ganze Völker und ihre Herrscher darin einig sind, weitere Aufklärung zu unterbinden. Dieses Problem löst auch eine Revolution nicht, denn sie ersetzt nur alte durch neue Anleitungen und Vorurteile. Der Übergang vom bürgerlichen Privatgebrauch der Vernunft durch Einzelne zum öffentlichen Gebrauch durch das Volk und von dort wiederum zur Freiheit der Regierungsformen ist deshalb ein sehr langsamer, aber auch unaufhaltsamer[14] historischer Prozess, so der letztlich optimistische Kant.

Das mit diesem Fortschritt verbundene Dilemma von Freiheit und Gleichheit löst sich jedoch nicht gleichzeitig auf. Es verschärft sich mit der Demokratisierung der Wissensexpansion auch als Folge staatlicher Bildungspolitik. Die daraus resultierenden Konflikte sind nicht radikal zu beseitigen, sondern immer neu zu verhandeln.

„So zeigt sich hier ein befremdlicher, nicht erwarteter Gang menschlicher Dinge; so wie auch sonst, wenn man ihn im großen betrachtet, darin fast alles paradox ist." (Kant 1999, S. 27)

---

[14] Ein Mensch kann nur für seine Person die Aufklärung verschieben und auch das nur auf Zeit, so Kants Argument (Kant 1999, S. 25). In Bezug auf andere Menschen und ganze Völker gelingt das dauerhaft nicht.

Literatur

Acemoglu, Daron, und James A. Robinson. 2012. *Why nations fail. The origins of power, prosperity, and poverty*. New York: Crown Press. (deutsch: 2014. Warum Nationen scheitern: Die Ursprünge von Macht, Wohlstand und Armut. Frankfurt: S. Fischer)

Albisetti, James C. 1983. *Secondary school reform in imperial Germany*. Princeton: Princeton University Press.

Albrecht, Peter. 2005. Fürsorge und Wohlfahrtswesen. In *Handbuch der deutschen Bildungsgeschichte, Band II: 18. Jahrhundert. Vom späten 17. Jahrhundert bis zur Neuordnung Deutschlands um 1800*, Hrsg. N. Hammerstein und U. Herrmann, 421–441. München: C.H. Beck.

Allen, Ansgar. 2011. Michael young's the rise of the meritocracy: A philosophical critique. *British Journal of Educational Studies* 59 (4): 367–382.

Allmendinger, Jutta. 2015. Mehr Bildung, größere Gleichheit. Bildung ist mehr als eine Magd der Wirtschaft. In *(Un)Gerechte (Un)Gleichheiten*, Hrsg. S. Mau und N. Schöneck, 74–82. Berlin: Suhrkamp.

Altbach, Philip G. 2013. *The international imperative in higher education*. Rotterdam: Sense Publishers.

Anderson, Benedict. 2005. *Die Erfindung der Nation: Zur Karriere eines folgenreichen Konzepts*. Frankfurt a. M.: Campus.

Archer, Margaret S. 1979. *Social origins of educational systems*. London: Sage.

Arrighi, Giovanni. 2007. *Adam Smith in Beijing: Lineages of the twenty-first century*. London: Verso Books.

Baker, David P. 2014. *The schooled society. The educational transformation of global culture*. Stanford: Stanford University Press.

Bascia, Nina, Alister Cumming, Amanda Datnow, Kenneth Leithwood, und David Livingstone. 2008. *International handbook of education policy*. Dordrecht: Springer.
Bayly, Christopher A. 2004. *The birth of the modern world: 1780–1914*. Malden: Blackwell Publishing.
Becker, Rolf, und Wolfgang Lauterbach. 2004. *Bildung als Privileg? Erklärungen und Befunde zu den Ursachen der Bildungsungleichheit*. Wiesbaden: VS Verlag für Sozialwissenschaften.
Beiner, Ronald. 2010. *Civil religion: A dialogue in the history of political philosophy*. New York: Cambridge University Press.
Bellah, Robert N. 1992. *The broken covenant: American civil religion in time of trial*. Chicago: University of Chicago Press.
Bellah, Robert N., und Phillip E. Hammond. 1980. *Varieties of civil religion*. San Francisco: Harper & Row.
Ben-Peretz, Miriam. 2009. *Policy-making in education: A holistic approach in response to global changes*. Lanham: Rowman & Littlefield.
Berg, Christa. 1991. *Handbuch der deutschen Bildungsgeschichte, Bd. 4: 1870–1918: Von der Reichsgründung bis zum Ende des Ersten Weltkriegs*. München: C.H. Beck.
Berg, Christa, und Ulrich Herrmann. 1991. Industriegesellschaft und Kulturkrise. Ambivalenzen der Epoche des Zweiten Deutschen Kaiserreichs (1870–1918). In *Handbuch der deutschen Bildungsgeschichte, Bd. 4. 1870–1918. Von der Reichsgründung bis zum Ende des Ersten Weltkrieg*, Hrsg. C. Berg, 3–56. München: C.H. Beck.
Bodin, Jean. 1981/1986. *Sechs Bücher über den Staat*. 1981 Bände I bis III; 1986 Bände IV bis VI. München: Beck. (Erstausgabe 1576).
Bourdieu, Pierre. 1982. *Die feinen Unterschiede. Kritik der gesellschaftlichen Urteilskraft*. Frankfurt a. M.: Suhrkamp.
Braudel, Fernand. 2011. *Die Dynamik des Kapitalismus*. Stuttgart: Klett-Cotta.
Brennan, Geoffrey, und M. James Buchanan. 1993. *Die Begründung von Regeln*. Tübingen: J.C.B. Mohr (Paul Siebeck).
Breuer, Stefan. 1998. *Der Staat. Entstehung, Typen, Organisationsstadien*. Reinbek: Rowohlt.
Bude, Heinz. 2011. *Bildungspanik. Was unsere Gesellschaft spaltet*. München: Carl Hanser.

Burbank, Jane, und Frederick Cooper. 2010. *Empires in world history: Power and the politics of difference*. Princeton: Princeton University Press.

Busemeyer, Marius R. 2006. *Die Bildungsausgaben der USA im internationalen Vergleich. Politische Geschichte, Debatten und Erklärungsansätze*. Wiesbaden: Deutscher Universitätsverlag.

Busemeyer, Marius R. 2015. *Bildungspolitik im internationalen Vergleich*. Konstanz und München: UVK.

Calhoun, Craig. 2007. *Nations matter: Culture, history and the cosmopolitan dream*. New York: Routledge.

Carneiro, Pedro, und James J. Heckman. 2003. Human capital policy. In *inequality in America: What role for human capital policies?* Hrsg. J. J. Heckman und A. B. Krueger, 77–239. Cambridge: MIT Press.

Chartier, Roger, Marie-Madeleine Compère, und Dominique Julia. 1976. *L'éducation en France du XVIe au XVIIIe siècle*. Paris: Société d'édition d'enseignement supérieur.

Clark, Gregory. 2007. *A farewell to alms. A brief economic history of the world*. Princeton: Princeton University Press.

Clark, William. 2006. *Academic charisma and the origins of the research university*. Chicago: University of Chicago Press.

Collier, Paul. 2013. *Exodus. Immigration and multiculturalism in the 21st century*. London: Allen Lane.

Collins, Randall. 1979. *The credential society: A historical sociology of education and stratification*. New York: Academic Press.

Comte, Auguste. 1974. *Die Soziologie. Die positive Philosophie im Auszug*. Stuttgart: Kröner.

Cooke, Morris L. 1910. *Academic and industrial efficiency: A report to the Carnegie Foundation for the advancement of teaching*. New York: Carnegie Foundation for the Advancement of Teaching.

Crane, Richard T. 1908. *The utility of all kinds of higher schooling. An investigation*. Chicago: The H. O. Shepard Co. (Nachdruck 2009).

Dahrendorf, Ralf. 1965. *Bildung ist Bürgerrecht. Plädoyer für eine aktive Bildungspolitik*. Hamburg: Nannen Verlag.

Dahrendorf, Ralf. 1979. *Lebenschancen. Anläufe zur sozialen und politischen Theorie*. Frankfurt a. M.: Suhrkamp.

Dahrendorf, Ralf. 1992. *Der moderne soziale Konflikt. Essay zur Politik der Freiheit*. Stuttgart: DVA.

Day, Charles R. 2001. Schools and schooling. In *Encyclopedia of European social history from 1350–2000*, 5. Aufl. Bd. 5, Hrsg. P. N. Stearns, 353–364. Detroit: Scribner.
DESTATIS, Statistisches Bundesamt. Hrsg. 2013. *Bildungsfinanzbericht 2013*. Wiesbaden: Statistisches Bundesamt.
Donoghue, Frank 2008. *The last professors: The corporate university and the fate of the humanities*. New York: Fordham University Press.
Durkheim, Émile. 1972. *Erziehung und Soziologie*. Düsseldorf: Schwann. (Erstausgabe 1922. Éducation et sociologie. Paris: Presses Universitaires de France.)
Durkheim, Émile. 1977. *Die Entwicklung der Pädagogik. Zur Geschichte und Soziologie des gelehrten Unterrichts in Frankreich*. Weinheim: Beltz. (Erstausgabe 1938. L'Évolution pédagogique en France. Paris: Presses Universitaires de France.)
Durkheim, Émile. 1984. *Erziehung, Moral und Gesellschaft. Vorlesungen an der Sorbonne 1902/1903*. Frankfurt a. M.: Suhrkamp.
Eberstadt, Nicholas. 2012. *A nation of takers. America's entitlement epidemic*. Conshohocken: Templeton.
Edding, Friedrich. 1963. *Ökonomie des Bildungswesens*. Freiburg: Rombach.
Eichengreen, Barry. 2007. *The European economy since 1945. Coordinated capitalism and beyond*. Princeton: Princeton University Press.
Enders, Jürgen, und Ben Jongbloed. 2007. *Public-private dynamics in higher education: Expectations, developments and outcomes*. Bielefeld: Transcript Verlag.
Ferguson, Niall. 2003. *Empire: How Britain made the modern world*. London: Penguin Books.
Fine, Robert. 2007. *Cosmopolitanism*. New York: Routledge.
Fligstein, Neil. 2001. *The architecture of markets? An economic sociology of twenty-first-century capitalist societies*. Princeton: Princeton University Press.
Forest, James J. F., und Philip G. Altbach. 2006. *International handbook of higher education*. Dordrecht: Springer.
Francois, Jean. 2015. *Building global education with a local perspective*. Houndmills und New York: Palgrave Macmillan.
Fumasoli, Tatiana, Gaële Goastellec, und Barbara M. Kehm. 2015. *Academic work and careers in Europe: Trends, challenges, perspectives*. Heidelberg: Springer.

Gellner, Ernest. 1983. *Nations and nationalism*. Malden: Blackwell.
Goldin, Claudia, und Lawrence Katz. 2008. *The race between education and technology*. Cambridge: The Belknap Press of Harvard University Press.
Gradstein, Mark. 2004. Voting on meritocracy. *European Economic Review* 48:797–803.
Green, Abigail. 2001. *Fatherlands. State-building and nationhood in nineteenth-century Germany*. Cambridge: Cambridge University Press.
Green, Andy. 2013. *Education and state formation. Europe, East Asia and the USA*. Houndmills: Palgrave Macmillan.
Grendler, Paul F. 2001. Schools and schooling. In *Encyclopedia of European social history from 1350–2000*, 5. Aufl. Bd. 5, Hrsg. P. N. Stearns, 329–351. Detroit: Scribner.
Grew, Raymond, und Patrick J. Harrigan. 1992. *School, state and society. The growth of elementary schooling in nineteenth-century France—Quantitative analysis*. Ann Arbor: University of Michigan Press.
Gryphius, Andreas. 1968. *Gedichte*. Stuttgart: Reclam.
Guibernau, Montserrat, und John Hutchinson. 2001. *Understanding nationalism*. Cambridge: Polity Press.
Hadjar, Andreas. 2008. *Meritokratie als Legitimationsprinzip. Die Entwicklung der Akzeptanz sozialer Ungleichheit im Zuge der Bildungsexpansion*. Wiesbaden: VS Verlag für Sozialwissenschaften.
Hall, Peter A., und David Soskice. 2001. *Varieties of capitalism. The institutional foundations of comparative advantage*. New York: Oxford University Press.
Hallinan, Maureen T. 2000. *Handbook of the sociology of education*. New York: Kluwer Academic Press and Plenum Publishers.
Hammerstein, Notker. 1995. *Staatslehre der frühen Neuzeit*. Frankfurt a. M.: Deutscher Klassikerverlag.
Hammerstein, Notker. 1996. Die historische und bildungsgeschichtliche Physiognomie des konfessionellen Zeitalters. In *Handbuch der deutschen Bildungsgeschichte, Bd. 1, 15. bis 17. Jahrhundert. Von der Renaissance und der Reformation bis zum Ende der Glaubenskämpfe*, Hrsg. N. Hammerstein und A. Buck, 57–101. München: C.H. Beck.
Hammerstein, Notker. 2003. *Bildung und Wissenschaft vom 15. bis zum 17. Jahrhundert*. München: R. Oldenbourg Verlag.
Hammerstein, Notker. 2005. Universitäten. In *Handbuch der deutschen Bildungsgeschichte, Band II: 18. Jahrhundert. Vom späten 17. Jahrhundert bis*

zur Neuordnung Deutschlands um 1800, Hrsg. N. Hammerstein und U. Herrmann, 369–400. München: C.H. Beck.

Hanushek, Erik A., und Ludger Wößmann. 2015. *The knowledge capital of nations: Education and the economics of growth.* Cambridge: MIT Press.

Hayden, Mary, und Jack Levy. 2007. *The SAGE handbook of research in international education.* Thousand Oaks: SAGE Publications.

Hechter, Michael. 2000. *Containing nationalism.* Oxford: Oxford University Press.

Heckman, James J. 2013. *Giving kids a fair chance.* Cambridge: MIT Press.

Heckman, James J., und Alan B. Krueger. 2003. *Inequality in America. What role for human capital policies?* Cambridge: The MIT Press.

Hegel, Georg W. F. 1968. *Grundlinien der Philosophie des Rechts oder Naturrecht und Staatswissenschaft im Grundrisse.* Frankfurt a. M.: Fischer. (Erstausgabe 1821).

Heinisch, Klaus J. 1960. *Der utopische Staat.* Reinbek: Rowohlt.

Heinz, Walter, Johannes Huinink, und Ansgar Weymann. 2009. *The life course reader. Individuals and societies across time.* Frankfurt a. M.: Campus.

Henningsen, Bernd, Jürgen Schlaeger, und Heinz Elmar Tenorth. 2013. *Humboldt's model. The future of universities in the world of research.* Berlin: Berliner Wissenschaftsverlag.

Herrmann, Ulrich. 2005. Schlussbetrachtung. Das 18. Jahrhundert als Epoche der deutschen Bildungsgeschichte und der Übergang ins 19. Jahrhundert. In *Handbuch der deutschen Bildungsgeschichte, Bd. 2, 18. Jahrhundert. Vom späten 17. Jahrhundert bis zur Neuordnung Deutschlands um 1800,* Hrsg. N. Hammerstein und U. Herrmann. München: C.H. Beck.

Hobbes, Thomas. 1965. *Leviathan oder Wesen, Form und Gewalt des kirchlichen und bürgerlichen Staates.* Reinbek: Rowohlt. (Erstausgabe 1651).

Hobbes, Thomas. 1991. *Behemoth oder Das lange Parlament.* Frankfurt a. M.: Fischer. (Erstausgabe 1682).

Hobsbawm, Eric J. 1996. *Nationen und Nationalismus.* München: dtv.

Hofstadter, Richard. 1962. *Anti-intellectualism in American life.* New York: Vintage Books.

Honnefelder, Ludger. 2011. Albertus Magnus und der Ursprung der Universitätsidee. Die Begegnung der Wissenschaftskulturen im 13. Jahr-

hundert und die Entdeckung des Konzepts der Bildung durch Wissenschaft. Berlin: Berlin University Press.
Horkheimer, Max, und Theodor W. Adorno. 1947. *Dialektik der Aufklärung. Philosophische Fragmente.* Amsterdam: Querido Verlag. (Nachdruck Frankfurt 1988 und 2004: Fischer).
Houston, R. A. 2001. Literacy. In *Encyclopedia of European social history from 1350–2000,* 5. Aufl. Bd. 5, Hrsg. P. N. Stearns, 391–406. Detroit: Scribner.
Hubbart, Glenn, und Tim Kane. 2013. *Balance. The economics of great powers from ancient Rome to modern America.* New York: Simon & Schuster.
Humboldt, Wilhelm von. 1964a. Bericht der Sektion der Kultur des Unterrichts an den König. In *Werke in fünf Bänden, Bd. 4, Schriften zur Politik und zum Bildungswesen,* Hrsg. A. Flitner und K. Giel, 210–238. Darmstadt: Wissenschaftliche Buchgesellschaft.
Humboldt, Wilhelm von. 1964b. Über die innere und äußere Organisation der höheren wissenschaftlichen Anstalten in Berlin. In *Werke in fünf Bänden, Bd. 4, Schriften zur Politik und zum Bildungswesen,* Hrsg. A. Flitner und K. Giel, 225–266. Darmstadt: Wissenschaftliche Buchgesellschaft.
Humboldt, Wilhelm von. 1967. *Ideen zu einem Versuch, die Grenzen der Wirksamkeit des Staats zu bestimmen.* Stuttgart: Reclam. (Erstausgabe 1851; geschrieben 1792/1793).
Hunter, William W. 1895. *State education for the People in America, Europe, India and Australia. The education of women, technical instruction, and payment by results.* Syracuse: C.W. Bardeen Publisher.
Huntington, Samuel P. 1996. *Kampf der Kulturen.* München: Europa Verlag.
IntMK (Länderoffene Arbeitsgruppe „Indikatorenentwicklung und Monitoring" der Konferenz der für Integration zuständigen Ministerinnen und Minister, Senatorinnen und Senatoren der Länder). 2011. Zweiter Bericht zum Integrationsmonitoring der Länder. https://www.berlin.de/imperia/md/content/lb-integration-migration/publikationen/berichte/bericht_2011_lag_indikatorenentwicklung_monitoring_teil_1_bericht.pdf?start&ts=1442503243&file=bericht_2011_lag_indikatorenentwicklung_monitoring_teil_1_bericht.pdf. Zugegriffen: 5. Okt. 2015.

James, Harold. 2001. *The end of globalization: Lessons from the great depression*. Cambridge: Harvard University Press.
James, Harold. 2003. *Europe reborn. A history, 1914–2000*. Harlow: Pearson Longman.
Jeismann, Karl-Ernst, und Peter Lundgreen. 1987. *Handbuch der deutschen Bildungsgeschichte. Bd. 3. 1800–1870: Von der Neuordnung Deutschlands bis zur Gründung des Deutschen Reiches*. München: C.H. Beck.
Johnstone, D. Bruce, Madeleine B. D'Ambrosio, und Paul J. Yakoboski. 2010. *Higher education in a global society*. Cheltenham: Edward Elgar Publishing.
Judt, Tony. 2006. *Geschichte Europas. Von 1945 bis zur Gegenwart*. München: Hanser.
Juvenal. 1969. *Satiren*. Stuttgart: Reclam.
Kaelble, Hartmut. 2007. *Sozialgeschichte Europas. 1945 bis zur Gegenwart*. München: C.H. Beck.
Kaesler, Dirk. 2011. *Max Weber*. München: C.H. Beck.
Kant, Immanuel. 1999. Beantwortung der Frage: Was ist Aufklärung? In *Was ist Aufklärung? Ausgewählte kleine Schriften*, Hrsg. Horst D. Brandt, 20–27. Hamburg: Felix Meiner. (Nachdruck von Kant, Immanuel. 1784. Beantwortung der Frage: Was ist Aufklärung? Berlinische Monatsschrift (4): 481–494).
Keynes, John M. 1981. University Men in Business: BBC Broadcasting, February 16th, 1927. In *Collected writings, Volume 19, Activities 1922–1929: The return to gold and industrial policy*, Hrsg. E. Johnson und D. Moggridge, 649–661. London: Royal Economic Society.
Kindleberger, Charles P. 1996. *World economic primacy: 1500–1990*. New York: Oxford University Press.
Kocka, Jürgen. 2001. Das lange 19. Jahrhundert. Arbeit, Nation und bürgerliche Gesellschaft. In *Handbuch der deutschen Geschichte*, 10. Aufl. Bd. 13, Hrsg. B. Gebhardt. Stuttgart: Klett-Cotta.
Kunovich, Robert M. 2009. The sources and consequences of national identification. *American Sociological Review* 74 (4): 573–93.
Labaree, David F. 2010. *Someone has to fail. The zero-sum game of public schooling*. Cambridge: Harvard University Press.
Lamberti, Marjorie. 1989. *State, society, and the elementary school in imperial Germany*. New York: Oxford University Press.

Lawson, John, und Harold Silver. 1973. *A social history of education in England*. London: Methuen & Co. (Nachdruck 2014. New York: Routledge).
Lenger, Friedrich. 2003. Industrielle Revolution und Nationalstaatsgründung (1849–1870er Jahre). In *Handbuch der deutschen Geschichte*, 10. Aufl. Bd. 15, Hrsg. B. Gebhardt und R. Häfele. Stuttgart: Klett-Cotta.
Leonhard, Jörn, und Ulrike von Hirschhausen. 2011. *Comparing empires: Encounters and transfers in the long nineteenth century*. Göttingen: Vandenhoeck & Ruprecht.
Lepsius, M. Rainer. 1995. Institutionenanalyse und Institutionenpolitik. In *Politische Institutionen im Wandel*. Hrsg. B. Nedelmann, 392–403. Opladen: Westdeutscher Verlag.
Lindsey, Brink. 2013. *Human capitalism. How economic growth has made us smarter—and more unequal*. Princeton: Princeton University Press.
Lundgreen, Peter. 2000. *Sozial- und Kulturgeschichte des Bürgertums*. Göttingen: Vandenhoeck & Ruprecht.
Lundgreen, Peter. 2006. Historische Bildungsforschung auf statistischer Grundlage. Datenhandbücher zur deutschen Bildungsgeschichte. *Zeitschrift für Erziehungswissenschaft* 9 (7): 5–13.
Luther, Martin. 1995 An den christlichen Adel deutscher Nation von des christlichen Standes Besserung. In *Staatslehre der frühen Neuzeit*, Hrsg. N. Hammerstein, 97–174. Frankfurt a. M.: Deutscher Klassiker Verlag. (Erstausgabe 1520)
Machiavelli, Niccolò. 1986. *Der Fürst*. Stuttgart: Reclam. (Erstausgabe 1532).
Mäder, Werner. 2007. *Vom Wesen der Souveränität. Ein deutsches und ein europäisches Problem*. Berlin: Duncker & Humblot.
Mann, Michael. 1990. *Geschichte der Macht*. Bd. 1. Frankfurt a. M.: Campus.
Mann, Michael. 1991. *Geschichte der Macht*. Bd. 2. Frankfurt a. M.: Campus.
Mann, Michael. 1998/2001. *Geschichte der Macht*. Bd. 3. Frankfurt a. M.: Campus.
Mann, Michael. 2007. *Die dunkle Seite der Demokratie. Eine Theorie ethnischer Säuberungen*. Hamburg: Hamburger Edition.

Marshall, Thomas H. 1992. *Bürgerrechte und soziale Klassen. Zur Soziologie des Wohlfahrtsstaates*. Frankfurt a. M.: Campus.

Martens, Kerstin, und Anja P. Jakobi. 2010. *Mechanisms of OECD governance—International incentives for national policy making*. Oxford: Oxford University Press.

Martens, Kerstin, Alexander-Kenneth Nagel, Michael Windzio, und Ansgar Weymann. 2010. *Transformation of education policy*. Houndmills: Palgrave Macmillan.

Marx, Karl, und Friedrich Engels. 1966. Manifest der kommunistischen Partei [1848]. In *Marx-Engels Studienausgabe*, Bd. 3, Hrsg. K. Marx und F. Engels, 59–87. Frankfurt a. M.: Fischer.

Mau, Steffen, und Nadine M. Schöneck. 2015. *(Un)Gerechte (Un)Gleichheiten*. Berlin: Suhrkamp.

Mayer, Karl U., und Urs Schoepflin. 2009. The state and the life course. In *The life course reader. Individuals and societies across time*, Hrsg. W. Heinz, J. Huinink, und A. Weymann, 121–138. Frankfurt a. M.: Campus.

Maynes, Mary Jo. 1985. *Schooling in Western Europe: A social history*. Albany: State University of New York Press.

McEneaney, Elizabeth, und John W. Meyer. 2000. The content of the curriculum: An institutionalist perspective. In *Handbook of the sociology of education*, Hrsg. M. T. Hallinan, 189–211. New York: Kluwer Academic Press and Plenum Publishers.

Melanchthon, Philipp. 1995. Oratio de dignitate legum. In *Staatslehre der frühen Neuzeit*, Hrsg. N. Hammerstein, 175–193. Frankfurt a. M.: Deutscher Klassiker Verlag. (Erstausgabe 1543).

Metz, Rainer. 2006. Lange Wellen im deutschen Bildungswachstum? Möglichkeiten und Grenzen moderner Zeitreihenanalyse. *Zeitschrift für Erziehungswissenschaft* 9 (7): 15–51.

Meyer, John W., und Franciso O. Ramirez. 2005. Die globale Institutionalisierung der Bildung. In *Weltkultur. Wie die westlichen Prinzipien die Welt durchdringen*, Hrsg. G. Krücken, 212–234. Frankfurt a. M.: Suhrkamp.

Middleton, Nigel, und Sophia Weitzman. 1976. *A place for everyone: A history of state education from the end of the 18th century to the 1970s*. London: Gollancz.

Mielants, Eric H. 2007. *The origins of capitalism and the „Rise of the West".* Philadelphia: Temple University Press.

Müller-Benedict, Volker. 2006. Wachstum und Austausch akademischer Karrieren 1850–1940. *Zeitschrift für Erziehungswissenschaft* 9 (7): 73–104.

Müller, Detlef K., Fritz Ringer, und Brian Simon. 1989. *The Rise of the modern educational system: Structural change and social reproduction,* 1870–1920. Cambridge: Cambridge University Press.

Münch, Richard. 2015. Mehr Bildung, größere Ungleichheit. Ein Dilemma der Aktivierungspolitik. In *(Un)Gerechte (Un)Gleichheiten,* Hrsg. S. Mau und N. Schöneck, 65–73. Berlin: Suhrkamp.

Mundy, Karen. 2005. Globalization and educational change: New policy worlds. In *International handbook of educational policy,* Hrsg. N. Bascia, 3–17. Dordrecht: Springer.

National Commission on Excellence in Education. 1983. *A nation at risk: The imperative for educational reform.* Washington, D.C.: United States Department of Education.

Nee, Victor, und Richard Swedberg. 2007. *On capitalism.* Stanford: Stanford University Press.

North, Douglass C. 1992. *Institutionen, institutioneller Wandel und Wirtschaftsleistung.* Tübingen: J.C.B. Mohr.

Olson, Mancur. 1985. *Aufstieg und Niedergang von Nationen.* Tübingen: J.C.B. Mohr (Paul Siebeck).

Özyüksel, Murat. 2011. Integration and control? Railway building and the stability of rule in the Ottoman Empire. In *Comparing empires: Encounters and transfers in the long nineteenth century,* Hrsg. J. Leonhard und U. von Hirschhausen, 109–136. Göttingen: Vandenhoeck & Ruprecht.

Parsons, Talcott. 1972. *Das System moderner Gesellschaften.* München: Juventa.

Parsons, Talcott. 1975. *Gesellschaften. Evolutionäre und komparative Perspektiven.* Frankfurt a. M.: Suhrkamp.

Peisert, Hansgert. 1967. *Soziale Lage und Bildungschancen in Deutschland.* München: Piper.

Picht, Georg. 1965. *Die deutsche Bildungskatastrophe.* München: Deutscher Taschenbuch Verlag.

Pomeranz, Kenneth. 2000. *The great divergence. China, Europe, and the making of the modern world economy.* Princeton: Princeton University Press.

Pufendorf, Samuel. 1991. De statu imperii Germanici. In *Staatslehre der frühen Neuzeit,* Hrsg. N. Hammerstein, 567–931. Frankfurt a. M.: Deutscher Klassiker Verlag. (Erstausgabe 1667/1669).

Puttkamer, Joachim von. 2011. Schooling, religion and the integration of empire—Education in the Habsburg Monarchy and in Tsarist Russia. In *Comparing empires: Encounters and transfers in the long nineteenth century,* Hrsg. J. Leonhard und U. von Hirschhausen, 359–372. Göttingen: Vandenhoeck & Ruprecht.

Raftery, Deirdre, und Karin Fischer. 2014. *Educating Ireland. Schooling and social change,* 1700–2000. Sallins: Irish Academic Press.

Rawls, John. 1975. *Eine Theorie der Gerechtigkeit.* Frankfurt a. M.: Suhrkamp.

Reisz, Robert, und Manfred Stock. 2013. Hochschulexpansion. Wandel der Fächerproportionen und Akademikerarbeitslosigkeit in Deutschland. *Zeitschrift für Erziehungswissenschaft* 16 (1): 137–156.

Ringer, Fritz K. 1979. *Education and society in modern Europe.* Bloomington: Indiana University Press.

Rizvi, Fazal, und Bob Lingard. 2010. *Globalizing education policy.* New York: Routledge.

Roesner, Martina. 2011. Amor scientiae und studium generale. Die Geburt der Idee der Universität im 12./13. Jahrhundert. In *Albertus Magnus und der Ursprung der Universitätsidee. Die Begegnung der Wissenschaftskulturen im 13. Jahrhundert und die Entdeckung des Konzepts der Bildung durch Wissenschaft,* Hrsg. L. Honnefelder, 51–76. Berlin: Berlin University Press.

Sackmann, Reinhold, Ansgar Weymann, und Matthias Wingens. 2000. *Die Generation der Wende. Berufs- und Lebensverläufe im sozialen Wandel.* Wiesbaden: Westdeutscher Verlag.

Sassen, Saskia. 2006. *Territory—Authority—Rights. From medieval to global assemblages.* Princeton: Princeton University Press.

Schmitt, Carl. 1996. *Politische Theologie. Vier Kapitel zur Lehre von der Souveränität.* Berlin: Duncker & Humblot. (Erstausgabe 1922).

Schomburg, Harald, und Ulrich Teichler. 2006. *Higher education and graduate employment in Europe*. Dordrecht: Springer.

Schultz, Theodore W. 1986. *In Menschen investieren*. Tübingen: J.C.B. Mohr (Paul Siebeck).

Schumpeter, Joseph A. 1918. Die Krise des Steuerstaates. In *Zeitfragen aus dem Gebiet der Soziologie*, Bd. 4. 3–75. Graz: Leuschner & Lubensky.

Schumpeter, Joseph A. 1939. *Business cycles: A theoretical, historical, and statistical analysis of the capitalist process*. Bd. 1 und 2. New York: McGraw-Hill.

Schwendi, Lazarus von. 1995. Diskurs und Bedenken über den Zustand des Hl. Reiches. In *Staatslehre der frühen Neuzeit*, Hrsg. N. Hammerstein, 195–235. Frankfurt a. M.: Deutscher Klassiker Verlag. (Erstausgabe 1570).

Schwinges, Rainer Christoph. 1996. *Gelehrte im Reich. Zur Sozial- und Wirkungsgeschichte akademischer Eliten des 14. bis 16. Jahrhunderts*. Berlin: Duncker & Humblot.

Seckendorff, Veit L. von. 1991. Teutscher Fuersten-Stat. In *Staatslehre der frühen Neuzeit*, Hrsg. N. Hammerstein, 237–481. Frankfurt a. M.: Deutscher Klassiker Verlag. (Erstausgabe 1656).

Seregny, Scott J. 2001. Teachers. In *Encyclopedia of European social history from 1350–2000*, Bd. 5, Hrsg. P. N. Stearns, 365–375. Detroit: Charles Scribner's Sons.

Siefert, Marsha. 2011. „Chingis-Khan with the Telegraph": Communications in the Russian and Ottoman Empires. In *Comparing empires: Encounters and transfers in the long nineteenth century*, Hrsg. J. Leonhard und U. von Hirschhausen, 78–108. Göttingen: Vandenhoeck & Ruprecht.

Smith, Adam. 1978. *Der Wohlstand der Nationen*. München: DTV.

Smith, Anthony D. 1998. *Nationalism and modernism. A critical survey of recent theories of nations and nationalism*. London: Routledge.

Smith, Anthony D. 2003. *Chosen peoples: Sacred Sources of national identity*. Oxford: Oxford University Press.

Spengler, Oswald. 1923. *Der Untergang des Abendlandes. Umrisse einer Morphologie der Weltgeschichte*. München: C.H. Beck.

Spring, Joel H. 2014. *Globalization of education: An introduction*. New York: Routledge.

Stearns, Peter N. 2001. Culture. Leisure. Religion. Education. Everyday life. In *Encyclopedia of European social history from 1350–2000*, 5. Aufl. Bd. 5, Hrsg. P. N. Stearns, 327–442. Detroit: Scribner.

Stehr, Nico. 2015. *Die Freiheit ist eine Tochter des Wissens*. Wiesbaden: Springer VS.

Stollberg-Rilinger, Barbara. 2005. Politische und soziale Physiognomie des aufgeklärten Zeitalters. In *Handbuch der deutschen Bildungsgeschichte, Band II: 18. Jahrhundert. Vom späten 17. Jahrhundert bis zur Neuordnung Deutschlands um 1800*, Hrsg. N. Hammerstein und U. Herrmann, 1–32. München: C.H. Beck.

Swaan, Abram de. 1993. *Der sorgende Staat. Wohlfahrt, Gesundheit und Bildung in Europa und den USA der Neuzeit*. Frankfurt a. M.: Campus.

Taylor, Frederick W. 1911. *The principles of scientific management*. New York: Harper and Brothers.

Tenorth, Heinz-Elmar, und Charles McClelland. 2012. *Geschichte der Universität unter den Linden. Bd. 1., Gründung und Blütezeit der Universität zu Berlin 1810–1918*. München: Oldenbourg Akademieverlag.

Tietze, Hartmut. 1990. *Der Akademikerzyklus. Historische Untersuchungen über die Wiederkehr von Überfüllung und Mangel an akademischen Karrieren*. Göttingen: Vandenhoeck & Ruprecht.

Tietze, Hartmut. 2004. Bildungskrisen und sozialer Wandel 1780–2000. *Geschichte und Gesellschaft* 30 (2): 339–372.

Tilly, Charles. 1992. *Coercion, capital and European states. AD 990–1992*. Cambridge: Blackwell.

Tilly, Charles. 1995. States and nationalism in Europe 1492–1992. *Theory and Society* 23 (4): 131–46.

Tocqueville, Alexis de. 1985. *Über die Demokratie in Amerika*. Stuttgart: Reclam. (Erstausgabe 1835).

Veblen, Thorstein. 1918. *The higher learning in America; A memorandum on the conduct of universities by business*. New York: B.W. Huebsch. (Nachdruck 2015. Baltimore: Johns Hopkins University Press.)

Voegeli, William. 2010. *Never enough: America's limitless welfare state*. New York: Encounter Books.

Voigt, Rüdiger. 2007. *Den Staat denken. Der Leviathan im Zeichen der Krise*. Baden-Baden: Nomos.

Wallerstein, Immanuel. 2004. *The Modern World-System in the Longue Durée*. Boulder: Paradigm Publishers.

Wallerstein, Immanuel, Randall Collins, Michael Mann, Georgi Derluguian, und Craig Calhoun. 2014. *Stirbt der Kapitalismus?* Frankfurt a. M.: Campus. (Originalausgabe 2013. Does Capitalism have a Future? Oxford und New York: Oxford University Press.)

Walter, Dierk. 2014. *Organisierte Gewalt in der europäischen Expansion*. Hamburg: Hamburger Edition.

Weber, Max. 1972. *Wirtschaft und Gesellschaft*. Tübingen: J. C. B. Mohr (Paul Siebeck). (Erstauflage 1921/1922).

Weber, Max. 1978. Die protestantische Ethik und der Geist des Kapitalismus. In *Gesammelte Aufsätze zur Religionssoziologie,* Hrsg. M. Weber, 17–206. Tübingen: J. C. B. Mohr. (Erstauflage 1920)

Weber, Max. 1985. Wissenschaft als Beruf. In *Gesammelte Schriften zur Wissenschaftslehre,* Hrsg. M. Weber, 582–613. Tübingen: J. C. B. Mohr. (Erstauflage 1922).

Weiss, Linda. 1998. *The myth of the powerless state*. Ithaca: Cornell University Press.

Weymann, Ansgar. 1998. *Sozialer Wandel. Theorien zur Dynamik der modernen Gesellschaft*. Weinheim: Juventa.

Weymann, Ansgar. 2009. The life course, institutions, and life course policy. In *The life course reader. Individuals and societies across time,* Hrsg. W. Heinz, J. Huinink, und A. Weymann, 139–158. Frankfurt a. M.: Campus.

Weymann, Ansgar. 2010. Interesse und Gemeinsinn im „pursuit of happiness". In *Fundamente sozialen Zusammenhalts: Mechanismen und Strukturen gesellschaftlicher Prozesse,* Hrsg. M. Becker und R. Krätschner-Hahn, 157–170. Frankfurt a. M.: Campus.

Weymann, Ansgar. 2014. *States, markets and education. The rise and limits of the education state*. Houndmills: Palgrave Macmillan.

Weymann, Ansgar, Wilhelm Mader, und Ingeborg Dieterich. 1980. *Der Hauptschulabschluss in der Weiterbildung. Erwachsenenbildung zwischen Bildungspolitik und Sozialpolitik*. Paderborn: Ferdinand Schöningh.

Wimmer, Andreas, und Yuval Feinstein. 2010. The rise of the nation-state across the world, 1816 to 2001. *American Sociological Review* 75 (5): 764–90.

Wimpfeling, Jakob. 1991. Germania. In *Staatslehre der frühen Neuzeit*, Hrsg. N. Hammerstein, 9–95. Frankfurt a. M.: Deutscher Klassiker Verlag. (Erstausgabe 1501)

Windzio, Michael, und Matthias Wingens. 2014. Soziale Beziehungen in multiethnischen Gesellschaften. Die theoretischen Grundlagen von Integration, Assimilation, Multikulturalismus und ethnischen Grenzziehungen. In *Soziale Netzwerke, Sozialkapital und ethnische Grenzziehungen im Schulkontext*, Hrsg. E. Bicer et al. Wiesbaden: Springer VS.

Wingens, Matthias, und Michael Grotheer. 2000. Berufliche Qualifizierung – Evaluation AFG-finanzierter Weiterbildung. In *Die Generation der Wende. Berufs- und Lebensverläufe im sozialen Wandel*, Hrsg. R. Sackmann, A. Weymann, und M. Wingens, 113–133. Wiesbaden: Westdeutscher Verlag.

Young, Michael D. 1958. *The rise of the meritocracy—1870–2033. An essay on education and equality*. London: Thames and Hudson. (Nachdruck 1961. Harmondsworth und New York: Penguin Books).

Zajda, Joseph. 2005. *International handbook on globalisation, education and policy research*. Dordrecht: Springer.

Zapf, Wolfgang. 1996. Die Modernisierungstheorie und unterschiedliche Pfade der gesellschaftlichen Entwicklung. *In Leviathan* 24 (1): 63–77.

Zapf, Wolfgang, Jürgen Schupp, und Roland Habich, Hrsg. 1996. *Lebenslagen im Wandel: Sozialberichterstattung im Längsschnitt*. Frankfurt a. M.: Campus.

Sach- und Personenregister

A

Arme
  Armenanstalten und Bildung 55
  Aus dem Ausland 55
  Schüler und Studierende 110
Aufklärung 51, 132

B

Beamte 54, 55, 57, 63, 70, 109, 124
Bildung
  Abitur 61, 66
  Akademisierung 3, 94, 128
  Analphabetismus 2, 6, 16, 45, 75, 77
  Aufstieg 13, 26, 44, 54, 62, 69, 70, 73, 78, 83
  Baccalauréat 62, 66
  Baccalaureus 46, 53
  Bildungsmilieus 37, 92
  Bürgerrecht 4, 31, 32, 61, 86
  Deutsche Sprache 54
  Distinktion 26
  Doktorat 46, 53
  Gebildete und Ungebildete 43
  Gleichheitsnorm 35, 37, 38, 121, 122
  Globalisierung 37, 69, 95
  Homogenisierung 10, 70
  Humankapital 11, 14, 60
  Inklusion 2, 6, 19, 35, 37, 86
  Innovationen und Pfadabhängigkeit 94, 95
  Integration 3, 16, 17, 24, 37, 39, 54, 61, 69, 73, 83, 108
  Isomorphie 22, 119
  Kompensatorische 129
  Latein 46, 54, 103
  Lebensverlauf 1, 76
  Leitideen 33
  Lizenziat 53
  Mädchen und Frauen 49, 62, 90, 109
  Magister 46, 53
  Migranten – USA 91
  Migration 16, 17, 40, 108
  Militär 105
  MINT Fächer 83, 100

Multikultur 19, 37, 74
Öffentlich und privat 13, 30, 34, 40, 57, 92, 121
Pädagogisierung von Politik 19
Politische Loyalität 23, 26
Qualitätsprobleme 108, 109, 110, 111, 129
Rassensegregation 110
Soziale Probleme 18, 19, 82, 108
Sozialisation, Sozialcharakter 10, 16, 19, 56, 73, 119
Sprachförderung 17
Übergangsraten 64, 65, 77, 78, 90, 101
Ungleichheit 3, 19, 37, 60, 64, 65, 86, 90, 93, 129
Zivilreligion 20, 27, 83, 113, 127, 128, 130, 131
Bildungsdilemma 21, 34, 35, 36, 39, 40, 86, 87, 113, 121, 125
Bildungsideologien – Keynesianismus, Liberalismus, Sozialismus 11, 32, 94
Bildungsinvestitionen 3, 24, 26, 81, 91, 100, 103, 108
Bildungskonflikte 1, 2, 6, 16, 19, 30, 33, 35, 36, 39, 82, 124, 132
Bildungsniveau Arbeitnehmer USA 90
Bildungsrendite 24, 26, 27, 90, 91, 92, 120

Bildungsutopie und -dystopie 27, 44, 81, 82, 85, 120, 126, 127, 128, 129, 130, 131
Bildungszyklen 64, 93, 108
Bürgerliche Gesellschaft 3, 10, 60

D

Dreißigjähriger Krieg 50, 51

F

Finanzen 62, 111
   Abgabenquote 14
   Bildungsausgaben
   Deutschland 4
   USA 89, 129
   Bildungsfinanzbericht 15
   Mittelalter 47
Föderalismus 1, 4, 8, 50, 108, 110

G

Gerechtigkeit 29, 35, 38
Globalisierung 4, 7, 8, 63, 68, 75
   Ethnizität 16, 70, 74, 75, 76
   Gegenbewegungen 7, 75, 129
   Nationalismus 22, 74, 75, 76
   Nichtwestliche 23, 69, 115, 118, 119, 120, 126

H

Humanismus 47

I

Imperien 22, 68
   British Empire 70, 71, 74
   Deutsches Reich 72

Sach- und Personenregister **151**

Niederlande 71
Österreich-Ungarn 73, 74
Ottomanisches Reich 74, 75
Russland 74
Institutionen
　British Association of the Advancement of Science 71
　Bundesministerium für Bildung und Forschung 82
　Carnegie Foundation 88
　EU 5, 6, 20, 22, 115, 116
　Helmholtz-Gemeinschaft 65
　Institutionenpolitik 34, 122
　Integrationsmonitoring der Länder 17
　Kaiser-Wilhelm-Gesellschaft 65
　Max-Planck-Gesellschaft 65
　Mosely Educational Commission 104
　OECD 1, 6, 20, 22, 78, 118
　Rockefeller Foundation 88
　Technical Education Committee 103
　UNESCO Entwicklungsindikatoren 79, 118
　Weltbank 22, 118

K
Kolonien 22, 48, 68, 71, 102, 104
Kosmopolitismus 23

L
Länder
　Afrika 71, 120
　Asien 21, 79, 119, 120
　Australien 71, 104
　Bayern 51
　Belgien 68
　Bulgarien 77
　China 73, 107
　Dänemark 50, 68
　DDR 19, 20, 36
　Deutschland 8, 21, 49, 61, 62, 64, 68, 71, 78, 104, 111
　England 8, 21, 49, 53, 64, 103, 111
　Frankreich 8, 21, 48, 49, 53, 55, 62, 64, 68, 107
　Griechenland 107
　Holland 68
　Indien 70, 105
　Irland 77, 106
　Italien 49, 77
　Japan 72, 73
　Jugoslawien 77
　Niederlande 50
　Österreich 51, 68
　Polen 50, 74, 77
　Portugal 68, 77
　Preußen 3, 51, 53, 55, 59, 61
　Rumänien 77
　Russland 68
　Sachsen 51
　Schweden 8
　Schweiz 77
　Spanien 48, 49, 55, 68
　Südafrika 71
　Südamerika 79, 120
　Tschechien 77
　Türkei 49, 77, 102
　Ukraine 74

Ungarn 50, 77
USA 21, 65, 71, 73, 77, 87, 91, 104, 106, 111

M

Medien
- BBC 67
- Bildungsberichterstattung 96, 97, 98
- Frankfurter Allgemeine 100, 108
- Le Figaro 107, 111
- The New York Times 106, 110
- The Times 103, 108

Meritokratie 6, 11, 29, 39, 63, 64, 68, 121, 125
Merkantilismus 51
Modernisierung 36, 73, 114, 122, 127
Multikulturmythos 73, 116

N

Nationalökonomie 60
Nationalstaat 3, 7, 60, 76, 116, 117, 118
Nobelpreise 100, 111

P

Personen
- Albertus Magnus 46
- Aristoteles 30, 46, 49
- Averroes 46
- Avicenna 46
- Birrel 106
- Comte 10
- Cromwell 106
- Dahrendorf 31, 40, 124
- Durkheim 10
- Edding 31
- Gryphius 50
- Helmholtz 102
- Hobbes 35
- Humboldt, Wilhelm von 15, 56, 57, 59, 124
- Juvenal 52
- Kant 132
- Karl der Große 44
- Keynes 67
- Low 107
- Luther 48, 49
- Marx 126
- Melanchthon 49
- Picht 31
- Platon 30
- Rhodes 105
- Schmitt 5
- Schultz 14, 20
- Schumpeter 124
- Schwendi 49
- Seckendorff 52
- Smith 11, 12
- Veblen 88
- Weber 15, 68
- Wimpfeling 47

Politische Ökonomie Bildung - Loyalität, Wachstum, Integration 55
Politische Ökonomie Bildung – Loyalität, Wachstum, Integration 3, 8, 9, 10, 11, 15, 16, 23, 68, 69, 73, 78, 81, 118

Public choice 122, 124, 125
Pursuit of happiness 29, 38, 86, 87, 122, 131

R

Rechtsgrundlagen
  Allgemeine Erklärung der Menschenrechte 59
  Allgemeines Preußisches Landrecht (1794) 61
  Augsburger Religionsfrieden (1555) 51
  Bilingual Education Act 89
  Bundesverfassungsgericht 8
  Education for All Handicapped Children Act 89
  General Educational Development Program (GED) 92
  Guizot-Schulgesetz (1833) 62
  Immerwährender Reichstag 51
  Irish University Bill 106
  Kaiserliches Privileg, authentica habita (1158) 45
  National Commission on Excellence in Education 91
  No Child Left Behind Act 89
  Penal Laws (1695) 106
  Prärogative 55
  Preußisches Edikt (20. Dezember 1722) 54
  Reichsgericht 51
  Reichskammergericht 50, 51
  Verfassungsentwurf (1656) 9, 23
Reformation 45, 48
Religion 6, 16
  Christentum 43, 45, 48, 49
  Cuius regio, eius religio 51
  Islam 70, 102, 105, 111
  Säkularisiert 101, 128
  Theokratie 102
Renaissance 47

S

Schulen
  Common School Movement 89
  Comprehensive Education 109
  Elementarschule 52
  Gesamtschulen 108
  Grammar school 47, 109
  Gymnasium 53, 69, 94, 108
  Hauptschule 38
  Hedge Schools 106
  Indikatoren und Monitoring USA 89
  Konfessionelle 62, 73, 107, 111
  Lateinschule 45, 47, 52
  Lycée 47, 62
  Öffentlich und privat 89
  PISA, TIMSS 2, 6, 81, 91, 93
  Primarschulen 69
  Progressive Movement 89
  Public schools 64, 91
  Realschule 38
  Schulabbrecher 91, 92
  Schulbesuchsquoten Europa 19. Jhdt. 66
  Volksschule 38, 94, 101
  Vorschulischer Bereich 17, 92
  Winkelschulen 47

Schulpflicht 1, 3, 6, 9, 23, 32, 47, 60, 61, 62, 66, 73, 89
Souveränität 4, 5, 6, 22, 23, 117, 118
Soziale Ungleichheit – Abnahme 114
Sozialpolitik 4, 15, 18, 19, 55, 82, 116, 123, 130
Sozialstruktur 36
   Adel 39, 45, 54, 65
   Bildungsbürgertum 33, 39, 44, 54, 65
   Kleinbürger 65
   Klerus 39, 45, 65
   Proletariat 16, 39, 61
   Stände 53, 63
   Statuszuweisung und -erwerb 36, 121, 125
Staatsbildung 21, 43, 51, 117

T
Territorialstaaten 47, 50, 51

U
Universität
   Alabama 110
   Aufklärungszeitalter 53, 56
   Bologna 45, 46
   Bologna-Prozess 2, 6
   Cambridge 107
   Campusrebellionen 111
   Collège Européen 107
   Columbia 101
   Deutsch-Chinesische Hochschule Kiao-Chau 72
   École d'Athènes 107
   École nationale d'administration (ENA) 112
   Expansion 20. Jhdt. 77
   Göttingen 54
   Grandes écoles 55, 112
   Halle 54
   Harvard 106
   Heidelberg 45
   Higher Education 87
   Höhere und niedere Studien 45, 46
   Hong-Kong 72
   Humanwissenschaften 63
   Humboldt Universität 107
   Immatrikulation nach Religion 54
   Industrialisierung 19. Jhdt. 63
   Jena 54
   Johns Hopkins 106
   Jus camerale und Polizeiwissenschaft 54
   Karthoum 104
   Köln 45
   Leipzig 54
   Lemberg 74
   Leucorea 49
   Management, Kostenkontrolle, Module, Evaluation 88
   Natur- und Ingenieurwissenschaften 55, 63
   Öffentlich und privat 88
   Oxford 45, 105
   Paris 45
   Peking 73
   Prag 45

Professorenaustausch 101
Reformationszeit 45
Rudtgers 106
Salamanca 45
Stanford 106
Studentenschaftstruktur 65
Studentenzahlen 114
Studiengebühren 92
Tertiary Education 78–80

University of Toronto 105
Vanderbildt 106
Wien 45
Yale 101, 106

W

Westfälischer Frieden 51
Wirtschaftswachstum 11, 100, 103

MIX
Papier aus verantwortungsvollen Quellen
Paper from responsible sources
FSC® C105338

If you have any concerns about our products,
you can contact us on
ProductSafety@springernature.com

In case Publisher is established outside the EU,
the EU authorized representative is:
**Springer Nature Customer Service Center GmbH
Europaplatz 3, 69115 Heidelberg, Germany**

Printed by Libri Plureos GmbH
in Hamburg, Germany